U0720726

本书为河北省教育厅人文社会科学研究重大课题攻关项目
"融合大运河非遗资源的河北文化创意产业发展路径研究"（项目编号：ZD202124）的研究成果

大运河非遗资源
与河北文创产业融合发展研究

安　娜　郝小梅／著

吉林文史出版社

图书在版编目（CIP）数据

大运河非遗资源与河北文创产业融合发展研究／安娜，郝小梅著. – 长春：吉林文史出版社，2023.10
ISBN 978-7-5472-9807-7

Ⅰ. ①大… Ⅱ. ①安… ②郝… Ⅲ. ①大运河－非物质文化遗产－文化产业－产业发展－研究－河北 Ⅳ. ①G127.22

中国国家版本馆 CIP 数据核字（2023）第 193527 号

大运河非遗资源与河北文创产业融合发展研究

DA YUNHE FEIYI ZIYUAN YU HEBEI WENCHUANG CHANYE RONGHE FAZHAN YANJIU

著　　者	安　娜　郝小梅
责任编辑	弭　兰
封面设计	品诚文化
出版发行	吉林文史出版社
地　　址	长春市福祉大路 5788 号
邮　　编	130117
印　　刷	四川科德彩色数码科技有限公司
开　　本	710mm×1000mm　1/16
印　　张	13
字　　数	205 千字
版　　次	2023 年 10 月第 1 版
印　　次	2023 年 10 月第 1 次印刷
书　　号	ISBN 978-7-5472-9807-7
定　　价	61.00 元

版权所有　翻印必究

本书为河北省教育厅人文社会科学研究重大课题攻关项目"融合大运河非遗资源的河北文化创意产业发展路径研究"（项目编号：ZD202124）的研究成果

前　言

　　中国大运河是中国古人创造的一项伟大工程，蕴含着我国劳动人民的伟大勇气和智慧，串联农耕文明和游牧文明，是中华文明的标志工程，与万里长城一样，被誉为宏伟的四大古代工程之一，是世界文化遗产。在中国农业文明鼎盛时期的"运河时代"，大运河作为沿岸城市的母亲河，在保障国家统一、促进经济发展、文化融合、对外开放和交流等领域发挥了难以估量的历史作用。在习近平新时代中国特色社会主义思想指引下，深入挖掘运河文化资源是党中央、国务院作出的一项重大决策部署。习近平总书记高度重视大运河文化保护传承利用工作，多次作出重要指示批示，他指出：要古为今用，深入挖掘以大运河为核心的历史文化资源。保护大运河是沿线所有地区的共同责任；大运河是祖先留给我们的宝贵遗产，是流动的文化，要统筹保护好、传承好、利用好；要把大运河文化遗产保护同生态环境保护提升、沿线名城名镇保护修复、文化旅游融合发展、运河航运转型提升统一起来，为大运河沿线区域经济社会发展、人民生活改善创造有利条件。

　　按照二十大的部署和省委十届三次全会的要求，建设大运河文化带既是一项重要的政治任务，也是保护历史文化、改善生态环境、推动区域高质量发展的宝贵机遇，更是传承历史、弘扬传统、造福后代的历史使命。因此，大运河河北段文化带建设应当在中国大运河文化底色的基础上充分彰显地域特色，以大运河文化带建设为引领助推河北经济文化高质量发展。

　　近年来在大运河河北段的文化资源与产业建设上，省政府及相关部门做出了诸多努力，多角度加强对运河沿线文化资源的传承力度及文化创意产业对经济增长的贡献值。目前河北段大运河文化带从法律法规及政策、规划体系、管理机制、交通建设、产业开发运营等方面取得了一定的成绩，尤其是在非遗文化资源的保护、传承、利用方面进行了重点建设。2021年10月14日，河北省政府办公厅印发了由河北省文化和旅游厅编制的《河北省文化和旅游发展"十四五"规划》，其中第五章强调要加强对文物和非遗资源的保护传承工作，加大对非遗的活化利用力度。2022 年 6 月 1 日起施行《河北省大运河文化遗产保护利用条例》，首次为大运河文化遗产保驾护航，为文化遗产的继承提供了可靠法律保障。

大运河河北段沿线的非遗文化资源丰富，可利用价值高。上连京津，下接鲁豫，由北运河、南运河、卫运河、卫河及永济渠遗址组成，总长 537.1 千米，包括京杭大运河 497.1 千米（北运河、南运河、卫运河、卫河）、隋唐大运河 40 千米（永济渠遗址），涉及河北省廊坊、沧州、衡水、邢台、邯郸等 5 市，包括香河、青县、沧州市运河区、沧州市新华区、沧县、南皮、泊头、东光、吴桥、阜城、景县、故城、清河、临西、馆陶、大名、魏县等 17 个县（市、区），以及白洋淀—大清河流经雄安新区的安新、雄县、廊坊市的文安、霸州，共 21 个县（市、区）。从地理空间范围上来说，国家级非物质文化遗产 16 处，省级非物质文化遗产 100 处，但是从历史维度来说，非遗资源数量远超现有数据。

非遗文化资源是国家和人民历史成就的重要展现，体现着中国文化的博大精深，对我们建立社会主义核心价值体系具有重要推动作用，当下大众也从其中汲取文化养分、学习相关文化知识。自 2014 年故宫文创开始，大众注意到了文化资源的巨大经济潜力，目前在经济效益的背后也应看到传统文化如何"活化"传承的问题。

非遗文化资源与文化创意产业互融共生，两者有效融合有利于推动河北段大运河文化带的发展建设，推动沿线经济的转型。从近年整个大运河文化带建设来看，沿线省市县乡关于非遗文化资源助力文创产业发展这个问题研究上区域间不平衡的问题相对较为突出。沿线文旅产业、文创产品对比发展势头较快的江苏、北京等省市仍存在差距，而河北是大运河的重要节点，丰富的非遗文化资源具有不可忽视的重要价值。

本书以河北省教育厅人文社会科学研究重大课题攻关项目《融合大运河非遗资源的河北文化创意产业发展路径研究》作为支撑，体现了课题"系统整合—分析研究—实践反馈"的研究主线，重点在于整理河北大运河文化遗产，对文旅融合发展的主体进行定位，对文化旅游资源进行分析和评估，针对当前现状和问题提出大运河文化和旅游融合发展、构建多元主体合作共治模式的可行性建议。在创新问题上，一方面涉及领域创新：以大运河文化带河北段为主要研究对象，弥补当前多为大运河文化总体研究或是大运河沿线南方省市案例研究短板；推进沿线非遗文创产品开发体系化，有利于充实和发展运河文化。发展运河文创是增强中华民族传统文化自信的正确选择，属于可持续性发展的重要举措，是运河沿线城市走向世界的重要途径。另一方面展现角度创新：目前学界对大运河文化的研究主要集中于非物质文化研究和文化遗产的保护与利用，鲜有学者从内涵、意义、运河资源发掘、运河文化教育、运河文化创新、运河旅游发展、运河文化宣传等方面出发，系统探讨河北运河文化传承与发展。

本书的作者是河北省大运河文化研究基地的骨干，前期学术成果和研究基础扎实深厚，所在地域的大运河文化资源丰富。在河北省社科院的多部门、专家的帮助之下，对河北段大运河进行了深入研究，从大运河相关概况入手，梳理沿线非遗资源，并对国内外文化创意产业进行对比来阐明河北文创产业的发展方向，最终确定融合大运河非遗资源的河北文化创意产业发展路径。旨在让大家了解大运河，明确京杭大运河河北段的重要地位和沿线运河的地域文化，包括政治经济、民生民俗、交通运输、名胜景观、非遗资源，充分建立文化自信，了解热爱家乡地域文化，"保护好、传承好、利用好"大运河和运河文化。

作　者
2023 年 5 月

目 录 CONTENTS

第一章

中国大运河概述

第一节　大运河的源起与发展

中国大运河全长 3200 千米，是世界上最长的运河，也是世界上开凿最早、规模最大的运河。作为中国古代劳动人民创造的一项伟大水利建筑，2014 年 6 月 22 日，在第 38 届世界遗产大会上，中国大运河获准列入了世界遗产名录，成为中国第 46 个世界遗产项目。

一部运河史，半部中华文明史。中国大运河以水波为曲、桨帆为歌，传颂出中华民族浩瀚恢宏的历史壮歌，积淀了深厚丰富的文化内涵。大运河的开凿、发展与兴盛的历程见证了中华文明的发展演进。习近平总书记指出，大运河是祖先留给我们的宝贵遗产，是流动的文化，要统筹保护好、传承好、利用好。近年来，中央多次发文，对大运河文化沿线发展谋篇布局。2017 年 2 月 24 日，习近平总书记在北京市通州区视察京杭大运河治理工程时曾经指出，要古为今用，深入挖掘以大运河为核心的历史文化资源。保护大运河是运河沿线所有地区的共同责任。2019 年 2 月，中共中央办公厅、国务院办公厅印发了《大运河文化保护传承利用规划纲要》，并发出通知，要求各地区各部门结合自身实际情况因地制宜地进行科学规划，认真贯彻落实纲要要求。2020 年伊始，大运河沿线各省相继发布大运河文化保护传承利用相关文件。2021 年 7 月 19 日，国家发展改革委牵头会同相关部门编制的《大运河文化保护传承利用"十四五"实施方案》正式对外发布，重点任务在于强化文化遗产保护、开展生态环境保护修复、推动运河航运转型提升、促进文化旅游融合发展。尽管今天大运河的某些功能渐渐退出历史舞台，但它的历史文化价值却历久弥新。我们应深入了解运河文化带丰富内涵，增强民众文化自信，弘扬"人定胜天"和"开放沟通"的运河精神内核，坚持并尊重运河文化的多样性，提高各界大运河文化遗产保护意识，进一步擦亮运河文化名片。竭尽全力保护好、传承好、利用好大运河，这是传承历史、弘扬传统、造福后代的历史贡献。如今，大运河文化带建设已上升为国家战略，沿线省市县乡积极行动，立足当地实际情况，探寻运河古老文脉，深入挖掘各类遗产资源，加强区域间合作，建立顺畅协调机制，积极发展新的文化发展业态，古为今用，务实发展，如今，千年运河正在新时期焕发生机。

一、"大运河"名称的由来

大运河始建于公元前486年，包括隋唐大运河、京杭大运河和浙东大运河三部分，包括10段河道，跨越10多个纬度，主航道全长2700千米，地跨北京、天津、河北、山东、河南、安徽、江苏、浙江8个省、直辖市。北起北京、南至浙江杭州，重要点段包括27座城市的27段河道，纵贯广阔、富饶的中国华北大平原和清丽婉约的江南水乡古镇，沟通海河、黄河、淮河、长江、钱塘江五大水系，沿线8省（直辖市）以占全国不足10%的土地面积，承载了全国1/3以上人口，贡献了全国近一半的经济总量。[①] 它在中国古代是南北交通的大动脉，巩固并且推动了江南地区和京津冀地区之间的联系，为南北方政治、经济与文化的传播与融合做出了巨大的贡献，具有重要的历史地位和经济文化价值。

在古代，运河有天然运河和人工运河的区分。天然运河优势得天独厚，在不花费大量人力财力的情况下，只需船只入水就可以进行漕运，水道之所及，船只皆可到达，交通便利，但是也存在河道的高差变化较大、水流流速的把控等问题。古代人工运河的开凿基于实际需求，古代较之车马运输而言，不仅运输量受限制，同时各类地形加大了运输难度，由此凸显了河道运输的优势，人工运河可以弥补天然河道的各种弊端。

大运河最早开凿于春秋时期，形成于隋朝，发展于唐宋之际，定型在元明清三朝，至今已延续2500余年。"运河"名称的由来与变化，反映了不同时势所勾连的历史进程。

我国文献"最早"记载大运河的书籍是郦道元的《水经注》。《左传》哀公九年记载了中国"第一条运河"。关于"运河"的最早表述应当追溯到春秋战国时期的"邗沟"，其因途经邗城而得名，这也是在中国历史文献记载中第

---

①单霁翔：《城市化发展与文化遗产保护》，天津大学出版社，2013，第21页。

一条确切记载开挖年代的河道。公元前486年，吴王夫差为了北上争霸中原，利用长江三角洲的天然河湖港汊，疏通了古水道，开凿了邗沟这条北入淮河、南接长江的运河。在早期运河时代，非自然水系，而是区域社会范围内开凿的一些人工河道，一般被称为"沟""渠""渎"等。

明朝时期，大运河也多用"漕河"之名，"漕河之别，曰白漕、卫漕、闸漕、河漕、湖漕、江漕、浙漕"；而清朝时期倾向于直接称之为"运河"，"运河自京师历直沽、山东，下达扬子江口，南北二千余里，又自京口抵杭州，首尾八百余里，通谓之运河"。至于"京杭大运河"则是一个现代才出现的称谓，俗称"京杭运粮河"，是指元代划直修凿的从大都通往江南的纵贯京杭延线大运河，替代了隋唐以来以中原地区为中心的旧运河，即将北京与杭州融汇连接的运河。

在申报世界遗产的过程中，国家文物局发现"京杭大运河"并不能涵括大运河全域及整个运河体系，经研究又进一步提出了"中国大运河"的概念，并定义其为"世界唯一一个为确保粮食运输安全，以达到稳定政权、维持帝国统一的目的，由国家投资开凿、国家管理的巨大运河工程体系"。

中国地势西高东低，呈阶梯状分布，且向海洋倾斜，江河大多自西向东流入大海。在整条漕运系统中，仅仅依靠天然河道和海道显然是不够的，因此运河的开凿势在必行。虽然京杭大运河在明清时期代表了漕运的辉煌鼎盛，但是人工开挖水路早已历史悠久。贯穿南北的运河交通体系形成于隋朝，以洛阳为中心，东北面达涿郡，东南延伸至江南的"Y"字形运河，成为当时航运事业的转折点。大运河网络从陕西转向了河南。网络中心地的转移反映了某一区域对于中央集权国家的重要意义，紧接着，政治影响经济、交通，运河线路的更替紧随统治中心而变动。元朝的运河体系发展经历了史无前例的飞跃。随着北京政治中心重新定位，统治者对运河"动脉"裁弯取直，延伸到大都（今北京）这一"心脏"地位。明清时期的大运河代表了当时运河运输的最高发展水平，是运河开发史上的黄金时期，京杭大运河真正成为国家的经济命脉。

二、大运河的历史发展

(一)春秋战国

春秋战国(前770—前221)是中国运河产生和区域性运河体系的开端。期间,各诸侯国由于争霸战争或经济生活的目的,开始挖掘运河,一批早期运河应运而生。

据司马迁在《史记》的《河渠书》中记载,楚国庄王时期(前613—前591)主持开凿了最早的运河,开挖了沟通江、汉的荆汉运河和联系江、淮的果肥运河。孙叔敖开凿了"荆汉运河",他引发源于湖北荆山南流入长江的沮水,与发源于郢都(今湖北荆州北)附近北流入汉水的扬水相连,沟通了长江中游的干、支流荆江与汉水。后伍子胥率军伐楚,疏浚此段运河,故命名为"子胥渎"。孙叔敖又在今合肥附近开凿运河,连接了发源于鸡鸣山分别流向淮河和长江的同源而异流的两支肥水,沟通了江、淮两大水系。由于东南流的肥水需汇入巢湖后再流入长江,故得名"巢肥运河"。

春秋末期的吴王夫差为了争霸中原,攻越、征楚和伐齐,先后开通了堰渎(从太湖西接长江)、胥浦(从杭州湾北通太湖一带)、古江南河(南起吴都北至渔浦)、百尺渎(由吴都大通往钱塘江北岸)、邗沟和菏水六条运河。其中,邗沟的开凿被众多考证者誉为大运河的起点。公元前486年,吴国筑邗城(今扬州),疏通了由今苏州经无锡至常州北入长江到扬州的"古故水道",引江水北行至山阳湾末口(今淮安)入淮河,将江、淮两大水系连接起来,成为后世京杭大运河的滥觞。前482年,吴人又"阙为深沟通干商(宋)、鲁之间,北属之沂,西属之济"(《国语·吴语》)。从菏泽引济水东流入泗水,沟通黄、淮两大水系,史称"菏水运河"。由吴国开凿的运河,沟通江、淮、河、济和钱塘,初步将几大江河连接起来。齐国在东面于都城临淄附近开凿了沟通淄、济两水的"淄济运河",通过济水西通中原,进而加强了临淄与中原地区的交流往来。

战国时期,魏国开凿了鸿沟,自今河南荥阳引黄河水东流经大梁城(今开封市),折转向南注入颍水,连接黄河与淮河支流颍水,同时又将黄淮之间的济、濮、濉、涡、汝、泗、菏等主要河流连接贯通。鸿沟、菏水和邗沟等运河的开凿，使江、淮、河、济"四渎"得以贯通，大大便利了南北交通，在此基础上形成了最初的沟通长江、黄河、淮河及黄河支流济水的区域性水运交通网络。

早期运河的产生和运河体系的初建是先民们认识自然、利用自然和改造自然的伟大创造，也是各诸侯国之间政治、军事斗争的产物，同时，更是各区域之间进行经济文化交往的客观需要。各诸侯国以国都为中心的区域运河体系既自成一体，又段段相连，以吴国姑苏、魏国大梁、楚国郢都等区域为运河中心，江、淮、河、济"四渎"之水连接的南北和东西水运通道已初步形成，一个以各诸侯国运河为基础、联系关东的庞大的运河体系开始出现，进而奠定了后世将大半个中国相贯通的大规模运河体系发展的基础。

人工河流不仅充分利用了天然河道的水源，而且弥补了天然河道的不足，同时，极大拉近了各流域、各地区之间的距离，便利了居民交往，促进了经济文化的频繁交流，引发了一批经济都会的兴起，进而也为全国的统一创造了条件。

(二) 秦

秦朝（前221—前207）建立后，各地运河普遍发展，全国性运河体系初步形成。秦始皇"大一统"的思想，促使秦朝时期修建了长城、兵马俑等古代建筑奇迹。同时，他重视营建水运系统，决通川防，疏浚鸿沟，沟通济、汝、淮、泗等水道，开凿了著名的连接漓水（广西）和湘水（湖南）的灵渠，沟通长江和珠江两大水系，"治陵水道到钱塘越地，通浙江"（《越绝书·吴地传》），疏浚由姑苏（今苏州）至钱塘（今杭州）的运陆，令赭衣（囚徒）三千人开凿由镇江到丹阳的曲阿河（江南运河镇江段），在古江南河和百尺渎的水运基础上，进一步开浚江南运河。以此解决岭南地形不平、运输能力薄弱、三年无法攻取的军事困境。

从此，中原与岭南连接起来。黄、淮、江、珠四大水系被有力贯通，秦都关中自此紧密联系了政治中心咸阳与经济重心陶地（今平遥），由渭水、黄河、济水以及鸿沟、菏水构成的东西运道系统，源源不断地向关中输送漕运物资。

（三）两汉

西汉初期，提倡"休养生息"和"文景之治"，专供漕运的运河一度萧条，直到汉武帝时，继续加强了对全国水运网络的经营，修建了由长安直通黄河的关中漕渠和沟通黄河与淮河的荥阳清渠，整治了黄河三门峡的砥柱之险。武帝元光六年（前129），本着"漕天下，而给京师"的政治需要，水工徐伯主持开凿漕渠，以自长安为起点引漕河水沿漕河南岸东行150千米，至潼关而入黄河。漕渠可行700斛大船，极大地增强了关中和关东地区以及黄河中下游地区的经济、文化和漕运能力。荥阳漕渠是对鸿沟水系的改造和利用，它由荥阳北引黄河水东出，而分成两路水道，一道由鸿沟旧水道通颍水，至寿春入淮；一道由陈留东南行入泗水，再南下通淮，是为汴渠。

汉初，吴王刘濞组织民力疏浚邗沟，开茱萸沟由扬州直通海陵仓，东海渔盐产业得以发展，进一步增强了运河的经济价值。这一时期，由漕渠、黄河、鸿沟、汴渠、邗沟等构成的东西水道成为交通大动脉，全国的运河体系初步形成。每年由此水运通道输往关中的漕粮达400万至600万石之多。

东汉建设了汴渠和阳渠两条主要漕运通道。东汉初年，大司空张纯主持开凿南阳渠，连接都城洛阳与黄河，促进了洛阳的交通与交流。永平十二年（69），王景用堰流法修成竣仪渠，此后数百年黄河得以安澜。顺帝阳嘉年间（132-135），又重新治理原属鸿沟系统的"汴渠"，并加固了运河堤防。汴渠溯黄河入洛水，到达洛阳；阳渠东至偃师，归入洛水，上溯洛阳，汴渠和阳渠使洛阳成为当时全国的水运中心。

东汉末年，广陵太守陈登改建邗沟新道，辟出了自高邮直达淮安的西道，航程缩短300多里；曹操为征伐乌桓，在河北平原上开凿了白沟、利漕渠、平虏渠、泉州渠、新河等一系列运河，连通了黄河和海河，建立起以邺城为中心的河北平原水运网络。自此，邺城漕船由漳水、利漕渠、白沟、平虏渠、泉州渠、新河，向北可直抵滦河下游，向南可由黄河抵达江淮，直至钱塘，成为隋朝永济渠的前身。

（四）魏晋南北朝

魏晋南北朝时期，国家长期分裂割据，一定程度上制约着全国性运河体系的发展，但"始于屯田成于转运"所形成的豫东运河网络系统仍在不断拓展。《三国志·魏书·文帝纪》中记载，曹魏政权于黄初五年（224年）伐吴，在黄淮平原上开凿了淮阳渠、百尺渠、广漕渠、讨虏渠、千金渠等运河，巩固了江、淮、河、海之间的水网。东吴政权开凿了破岗渎，以便于缩短建业（今南京市）和三吴地区的水运航程。西晋杜预开凿了扬口运河，密切了江汉地区的水运联络。东晋谢氏叔侄谢安、谢玄疏浚了苏北运河并筑邵伯埭蓄水利航。

运河通航范围南过五岭，北连滦河，西通关中，并首次将海河、珠江水系纳入这一全国规模的运河交通体系中。即使在魏晋南北朝时期的割据状态下，这个以中原地区为中心、北通涿郡（今北京市）、南达岭南、西接关中的区域性运河系统仍在不断发展，并从而为隋唐大运河的开凿奠定了基础。

这一时期，运河的开凿一是为了保障都城的物资供给，二是为了运兵载粮，故政治军事功能依然是运河发展的主要动力。大运河以都城为中心散射扩展，长安、洛阳、邺城、建康（南京）等都曾是运河的中心。与此同时，运河交通的经济文化功能开始显现。"富商大贾周流天下，交易之物莫不通，得其所欲"，它成为促进全国政治统一、经济文化交流的重要条件之一。运河沿线及枢纽区域的村落城邑特别是都城商品经济的进一步发展，凭借发达的水运交通条件，逐渐发展成为长安、洛阳、邺城、建康等著名的经济都会。

（五）隋唐

隋代开凿的大运河分为五段：永济渠、通济渠、山阳渎、江南河和广通渠。黄河以北的永济渠利用沁水、淇水、卫河等为水源，引水通航，在天津西北利用卢沟（永定河），直达涿郡。通济渠是在洛阳附近引黄河水，向东南进入汴水，以沟通黄河与淮河之间的水运。山阳渎是在邗沟的基础上拓宽、裁直修成的，形成大运河的中段。而江南河的雏形也早已存在并用于漕运，隋朝对它进行进一步的疏浚，使之成为大运河的南段。广通渠从长安向东通到黄河的新渠。隋朝漕运到长安的主要路线是：沿江南河到京口（今镇江）渡长江，再顺山阳渎北上。进而转入通济渠，逆黄河经广通渠向上，最后抵达长安。

广通渠，又称谱渠，是连接东西两京的水运通道。隋文帝开皇四年

（584），命宇文恺修复西汉的关中漕渠，从咸阳西堰引渭水经长安城北，循西汉漕渠故道，至潼关入黄河。渠成，名广通渠，又名富民渠，后改名永通渠，全长 150 余千米。这条水渠当时是用来运输华州（今陕西华县）广通仓的粮食到都城长安，因而得名。广通渠的漕运量大大超过旧渠，缓和了关中粮食的紧张情况。

通济渠，自东都洛阳至盱眙，沟通河、淮水系。隋炀帝大业元年（605）三月，征发河南诸郡男女万余修筑，该段运河自洛阳城西开始，引谷、洛二水过城南，至巩县（今巩义市）洛河口入黄河，又自今河南荥阳汜水镇东北的板渚引黄河水东南入汴渠，至浚仪（汴州）；又东南行，经今河南杞县、睢县、宁陵、睢阳（今河南商丘），行古蕲水旧道，经夏邑、永城、安徽省的宿县、灵璧、泗县，在今江苏盱眙北淮河，全长约 1000 千米。

山阳渎北起淮水南面的山阳（今江苏淮安市），径直向南，到江都（今扬州市）西南接长江。隋文帝开皇年间。因为讨伐南朝陈国的需要，曾经疏通邗沟，将邗沟入淮移至山阳，因而邗沟又被称为山阳渎。这条修整后的邗沟全长 150 千米，水面加宽，河身也比以前直一些，不必再像春秋时那样绕道射阳湖。

江南河从京口引长江水，绕太湖之东，直达余杭，长 400 余千米。这条运河经过江南最富庶的地区，湖泊纵横、水道交错。由于水源充足，江南运河开凿以后，始终畅通无阻，成为我国东南地区一条重要的航道。

永济渠的作用和其他几段并不完全相同。在完成通济渠、山阳渎之后，为了加强北方兵力，便于转输粮秣，隋炀帝决定在黄河以北再开一条运河，即永济渠。永济渠大部分利用了天然河道，即把黄河左岸的支流沁水与清水、淇水、屯氏河、清河及沽水等河流连接起来。这段运河主要工程是引沁入淇。永济渠建成后，来自河南通济渠的船舶穿过黄河，由沁口溯水而上、再经永济渠进入河北平原。

广通渠、通济渠、山阳渎、永济渠和江南河等渠道虽然不是同时开凿而成，但是都以政治中心长安、洛阳为枢纽，向东南和东北辐射，形成完整的体系。同时它们的规格又基本一致，都可以通航方舟或龙舟，而且互相连接，所以形成一条完整的运河。

唐、宋两代对大运河进行了艰苦不懈的疏浚、修整和开凿。唐时浚河培堤筑岸，多次治理灵渠，重视农田水利，并将漕运的干流和支流治理得通行流畅。同时，将晋以来兴建的运河通航堰埭，相继改建为既能调节水深，又能使船只往返通过的单插板门船闸。宋时将运河土岸改建为石驳岸纤道，并改单插板门船闸为有上下闸门的复式插板门船闸（现代船闸的雏形），使船舶能安全过闸。

北宋元丰二（1079），通济渠河道失修，逐渐湮废，汴渠河身淤塞，河床高于地面。因此，为解决汴河（通济渠）引黄河水所引起的淤积问题，开渠50里清汴工程，直接引伊洛水入汴河，不再与黄河相连。这一工程具有引水、蓄水、治理、排泄等多方面的功效。在运输组织方面，唐、宋在统管全国运河和漕运方面都专设有转运使和发运使。随着通航条件改善和运输管理加强，运河每年的漕运量由唐初的 20 万石，逐渐增大到 400 万石，最高达 700 万石（约合今 11.62 亿公斤）。运河沿岸逐渐形成商业繁华的名城苏州和杭州，造船工业基地镇江和无锡，对外商贸港口扬州等重要城市。

（六）明清

明、清两代均建都北京，中央高度重视漕运，设置漕运总督和河道总督，加强漕运和水利管理，对元朝大运河进行了扩建。明代整迪惠河闸坝，恢复通航；永乐九年（1411 年）扩建改造会通河，引汶水入南旺湖，在地势较高的南旺湖修建南旺水柜，使得 70% 的水北流，30% 的水南流，增建船闸至 51 座，有效解决会通河水源问题。为使运河免受黄河泛滥的影响和避开 360 里的黄河航程，明朝先后在 1528—1567 年和 1595—1605 年，在山东济宁建成了分水的综合水利枢纽。在南阳镇以南的南四湖东相继开河 440 里，建成韩庄运河线，将原经沛、滕州入黄河的原泗水运河路线（今南四湖西线），改道为经夏镇、韩庄、台儿庄到邳县（今邳州市）入黄河的今南四湖东线。修建了洪泽湖大堤和高邮湖一带的运河西堤，并在运河东堤建平水闸调节水位，以保障运河通航安全。清朝于 1681—1688 年，将运河航线完全与黄河航道分开。在黄河东侧（约由今骆马湖以北至淮阴）开中、皂河近 200 里，北接韩庄运河南接今里运河。明清时期，浙东大运河衰落，宁绍平原自西向东的水路成为京杭大运河的延伸，并连接起海上丝绸之路。

（七）近代

1855 年，黄河在河南省铜瓦厢决口北徙，在山东省夺大清河入海，大运河南北全线断航。清末、民国时期，漕运停止后，运河治理的倡议未能付诸实施。

中华人民共和国成立后，开始对古老大运河的部分恢复和扩建工作，于 1953 年和 1957 年兴建江阴船闸和杨柳青、宿迁千吨级船闸。1959 年以后，结合南水北调工程，国家重点扩建了徐州至长江段 400 余千米的运河河段，使运河单向年通过能力达到近 8000 万吨；拓展了沿岸灌溉和排涝面积，在确保里下河地区 1500 万亩农田和 800 万人民生命财产安全等诸多方面取得社会和经济效益。

进入 19 世纪，黄河河流的不稳定性动摇了大运河的物流体系及治水、航运政策，"大运河时代"面临危机，京杭大运河与国内外的交流局限在少数地区。目前大运河济宁以北河段，因水源不足，未能发挥航运效益。济宁以南至杭州河段，建成 16 座通航梯级，其中大型船闸 12 座。运河及其沿岸河流、湖泊设闸节节控制，用于治洪调蓄和枯水补给，南水北调初具规模。徐州以南河段，船闸年通过船舶吨位已达 1370 余万吨，年货运量达 5500 万吨，为适应货运任务的迅速增长，分流煤炭南运，济宁至杭州段为浚深扩宽航道，加建复线船闸，开始运河扩建续建工程，沟通运河至钱塘江的航道，港口承担起年运量 1 亿吨的总货运任务。

中国大运河文脉是华夏文化的历史景象。中国需要在复杂的国际环境中传播、传承长江、黄河、中国大运河这样恢宏的历史文化符号，呈现中国形象，树立民族文化自信，传递中国声音，讲好中国故事。

第二节　大运河的功能

历史是文化的载体，文化是历史的血脉。大运河开凿至今已有 2500 多年，是一项伟大的工程，大运河作为国家统一的保障线、经济交流的大动脉、文化交融的主纽带、对外发展的开放之河、民族工业的重要推手，它流动着中华民族的历史基因，传承着中华民族的璀璨文明，承载着中华民族的古老智慧。了解大运河的功能能够让我们时刻感受着中华民族历史的沧桑、人民的伟大，感受不断流、有感知、珍贵的中华文明历史，让大运河这一流动的中华文化遗产永不断流，也是每一代中华儿女应有的责任担当。

一、国家统一的保障线

大运河最初的开凿原因离不开军事需求，但在 2500 余年的发展中，军事功能一直都在呈现一种慢慢弱化的迹象，反而对沿岸对的政治、经济、文化发展起到了强大的助推作用，商业的蓬勃发展、市场的规模化形成、各地文化的相互交流为国家的统一提供了各种物质与文化基础。例如，涵盖面极广的专业性漕运制度与系统产生在隋代以后，整个漕运制度中运输、征税、修船等方面的制度十分严格，而其系统的组成部分与漕河、漕粮、漕军、漕船等关系密切。此时大运河扮演着南北通达的角色，为使国家与地方的讯息能够通畅，在沿岸城市设立体系严密的机构，对于国家掌控地方基层的发展、巩固国家政权起到重要作用。具体到中国大运河从开凿至完竣，经历了国家统一的三个重要历史阶段。

第一，春秋战国，诸侯争霸，寻求统一，竞相开凿大运河。公元前 6 世纪，周王朝逐渐瓦解，八百诸侯相互兼并形成了春秋战国五霸七雄和吴越等诸侯王国的格局。为了积蓄力量逐鹿中原、争当霸主，各个诸侯国竞相疏解交通、发展经济、增强国力，长城与运河两大历史工程便相继开始动工。

据考证，商朝末年周太王长子泰伯于梅里建吴国后，为了灌溉、排洪，开挖了中国历史上第一条人工河流——泰伯渎，其西通太湖，东入漕湖（古称蠡湖），拉开了大运河开凿的序幕。公元前 486 年，吴王夫差为了北进中原称霸天下，由今江苏扬州向北到淮安开凿了一条长达 197 千米的运河邗沟。其他诸侯国也相继开凿河渠，加强军事战略或发展生产。此后汉、魏、晋、南北朝，对各地区、各时代的运河都有不断的巩固和疏浚。

第二，隋朝时期，结束南北朝分裂的局面，完成了中国大运河第一次全线贯通。为了边防的巩固，特别是保证兵马粮草等物资的供应，弥补陆路运输能力的不足，隋王朝开凿了以洛阳为中心、北至通州（涿郡）、南达杭州的南北大运河。这不仅是政治和军事的需要，更对南北物产和文化的交流、经济和社会的发展与繁荣发挥了极为重要的作用。隋代大运河，是中国历史上统一国家的国力标志，为唐代盛世打下了坚实的基础。唐代又进一步巩固、疏浚和利用大运河，使其为盛唐政治和军事的稳定、经济和文化的繁荣发挥了重要的作用。此后五代、宋、辽、金各个时期，都对大运河加以维修、增扩和进一步利用。特别是宋代东京（今开封）和杭州等地，留下了许许多多大运河的珍贵历史遗址、遗迹和文献资料。

第三，元朝时期，结束了宋、辽、金三朝分裂的局面，中国大统一的局面最终形成中国大运河第二次南北大沟通的格局。元大都建立政治中心后，为把富庶地区的江南地区包括华中、西南地区的物资与文化转移供给北方，改造了隋、唐时期已渐淹汲的通济、永济渠，开凿了会通河、北通卫河，南接泗水、黄河，在南北向加以取直，大运河从山东济宁向北开汇通河至临清，缩短了千余里航程，这就形成了保留至今的京杭大运河走势。唐朝末期诗人皮日休，在隋朝灭亡两百年后，在诗中对隋炀帝开南北大运河的功过做了一个较为客观的评价："尽道隋亡为此河，至今千里赖通波。若无水殿龙舟事，共禹论功不较多。"充分肯定了隋炀帝的历史功绩，以及大运河对南北沟通、唐朝及后世经济文化繁荣的重要历史作用。他把杨广的水殿龙舟下江都从帝王游乐的初衷中剥离出来，强化了大运河对后世的作用，认为应该与大禹治水之功相提并论。

二、经济交流的大动脉

大运河在满足舟楫之便的同时，对沿线各地的农业灌溉也起到了作用，不仅粮食产量增加，还出现了多种因地制宜的水工技术，推动了古代农业的进步。同时也推动商业的交流、市场的形成、城市的发展，其中，贸易和航运的作用紧密相连。大运河为原本受阻隔的南北方带来便利的交通，使商品经济发展。

（一）灌溉

水利事业的基本功能是除害兴利。除害，就是消除水害，对大江大河进行有效治理；兴利，就是兴修水利，重视农田水利建设，保障和扩大农田灌溉，发展农业生产。农田灌溉的发展，伴随中华文明整个发展历程，对国计民生具有特殊的重要意义。中国历史上有很多重要的水利灌溉工程，支撑着中国农业生产和经济社会发展，关乎中华民族的民生福祉。习近平总书记指出："在我们五千多年中华文明史中，一些地方几度繁华、几度衰落。历史上很多兴和衰都是连着发生的。要想国泰民安、岁稔年丰，必须善于治水。"具有五千多年文明历史的中华民族，深刻理解治水对文明兴盛、国家兴衰和民生福祉的重大意义。中华民族的治水史尤其是新中国水利史，是历史研究的重要对象。

京杭大运河 2022 年全线贯通补水，主要贯通航线是以京杭大运河黄河以北 707 千米河段，流经河北省境内河长 373 千米，占补水总河长的 53％。补水水源包括南水北调东线一期工程北延应急供水、京津冀鲁本地水、引黄水、再生水及雨洪水等。期间，河北省河道沿线约 50 万亩耕地的灌溉水源将从地下水置换为地表水，有助于推进华北地区河湖生态环境复苏和地下水超采综合治理。专家表示，这次补水统筹考虑了恢复大运河生机活力、大运河文化保护传承利用、置换与回补超采区地下水、复苏河湖生态环境等多种目标需求，对改善大运河河道水系、充分发挥南水北调工程综合效益有重要意义。

（二）航运

运河简单来说就是沟通不同地域水运的人工水道。水上运输拥有运量大、成本低的优势，因此常被用于大宗货物的运输。为了节省航运时间，降低航运成本，人们便使用开凿运河的方式，沟通了不同的水域。

自古至今，大运河都是航运的重要通道，是中国船只往来最密集的人工运河。就京杭大运河来说，其沟通了经济发达的长江三角洲地区和华北地区，是中国东部的交通大命脉，并有相关文献进行记载。例如清代载龄修的《清代漕运全书》中就对清初以来漕运相关之事分二十三类进行记载。目前，京杭大运河沿线四省两市均建立了全方位综合性管理和联动保护机制，沿线城市跨地区、跨部门联动机制渐趋形成，3000 吨以上的船只可常年通航。其中江苏段是航运价值最高的水道之一，以长江为界分为苏南运河和苏北运河。苏南运河是建筑原材料等大批生产物资的主要运输通道，苏北运河则是国家北煤南运的黄金水道，如今每年货运量已接近 1.2 亿吨，其中煤炭运量达到 7300 万吨。水运在江苏省货运周转量中已经占到 1/2，在货运总量中占 1/4。

（三）贸易

大运河淮安段被称为里运河，是京杭大运河最早修凿的河段，运河边上的苏北古镇窑湾，同样离不开京杭大运河水系的滋养，作为中国大运河上的第一座古镇，完全是在水的怀抱中，被大运河、沂河和骆马湖三水包围。

"日过桅帆千杆，夜泊舟船十里"。开阔的大运河经窑湾后，奔向远方，给古镇带来了万千停靠避风的商贾船只，尤其是在明清时期，随着船夫、商贾落脚此地，此镇已经成为市井繁荣、商贾云集的重镇。

明清鼎盛时期，全国有 18 个省的商人在此设置会馆和办事处经商，驻店经商。古镇上还建有两大当铺、30 余家钱庄，拥有布庄等大的店铺作坊 300 余家。著名的会馆有山西会馆、江西会馆、苏镇扬会馆、福建会馆等。随着大运河走向世界，美国、英国、法国商人以及意大利、加拿大、荷兰、德国传教士纷纷前来窑湾经商传教，且设有美孚石油公司、亚细亚石油公司和五洋百货公司。外国的汽艇、国内的小货轮在窑湾码头穿梭不停。一时间，窑湾古镇又有了两个华丽的名字，一个叫"黄金水道金三角"，一个叫"小上海"。窑湾，不再是苏北的窑湾，已成了中国的窑湾、世界的窑湾。

三、文化交融的主纽带

大运河从北到南流经了北京市、天津市、河北省沧州市、衡水市,山东省德州市、聊城市、济宁市、泰安市、枣庄市,江苏省宿迁市、淮安市、扬州市、常州市、无锡市、苏州市,浙江省湖州市、嘉兴市、杭州市共18个城市。追溯历史的长河,运河的流淌带动了文化的交流互通,体现了运河沿岸文化的多样性和丰富性,同时也是中国文化的缩影。

(一)水工文化

大运河水工包括大运河河道及其航运、水利等功能,是大运河文化遗产的核心部分,涵盖船闸、堤坝、桥梁、圩堰、驳岸、纤道、码头等历史遗存。在世界遗产项目申报过程中,大运河申报的系列遗产分别选取了各河段的典型河道遗产27段和重要遗产点,总长度1011千米。遗产类型包括闸、堤、坝、桥、纤道、码头、险工、水城门等运河水工遗存,衙署、驿站、行宫、仓窖、会馆、钞关等大运河管理设施和配套设施,和部分与大运河文化密切相关的历史文化街区、古建筑等。这些遗产分布在2个直辖市、6个省、25个地级市,遗产区总面积为20819公顷,缓冲区总面积为54263公顷。

在诸多水工遗存中,码头发挥着漕运仓储的重要作用。如今位于北京长安街延长线新华大街东端的运河码头,运河沿线平均水面宽度达到百米,水深3至5米,不仅水量增大,水质也更清更绿。入口处可见一座高大的汉白玉四柱冲天牌楼,牌楼两边分别写着"四海地咽喉五云天咫尺"的对联。除北京段之外,运河沿岸的很多码头也在历史和现代赫赫有名。通州漕运码头、山东鲁桥码头、山东七级古码头、杭州武林门码头等,都承载着大运河的历史记忆。

(二)戏曲文化

大运河是中国戏曲传播的重要渠道之一,素有"水路传播"一说,"水路传播"为中国戏曲的繁荣提供了坚实的物质基础,推动了古代南方和北方戏曲的进一步融合,奠定了运河沿线的中国戏曲百花齐放的文艺面貌,至少有四次的重要传播现象与大运河密切相关，将其称为"一条中国艺术发展的重要文化血脉"实不为过。

北宋时，大运河推动了洛阳的繁华，这也是汴京杂剧得以快速向洛阳传播的一个重要因素；元初，元杂剧的传播路线南移，沿大运河和长江水路，除杭州外，扬州、建康、苏州、松江等江南各域都成了杂剧荟萃之地；明清时期，大运河对昆山腔艺术传播产生了重要影响，昆山腔初始流行于苏州、太仓一带，**魏良辅改革之后**，开始逐步向全国传播，其传播路线基本上是以大运河沿岸的江南城市为中心，沿运河依次向北、向南、向西拓展，并慢慢扩展至全国；清末时，大运河对京剧艺术发展也起到了推波助澜的作用，突出表现为南派京剧的形成和京剧艺术在江南地区的扩展，其流传方式自然而巧妙，主要是大运河南段的水路班子，使用江南内河航运的乌篷船作为交通工具，顺河流在江南各地的乡镇间巡回演出。

（三）方言文化

语言是文化的一部分，是民族文化的一面镜子。国学大师陈寅恪曾说："中国的文化保存在语言中。"而方言又是语言的地方变体，是维系乡土情感的纽带，也是考察地方文化的活的化石，同时汉语方言与中国文化的多元地域色彩有着重要关系。方言产生、发展、演变，离不开地理因素的影响，语言研究学者对地理环境的研究尤为重视，特别是运河对方言的影响较为错综复杂。

大运河沿岸从北到南，已经穿越了大半个中国方言区，不同的语言体系也随着运河的流动水乳交融。

李小平，赵梅赏指出汉语方言词语在北方的传播包括京杭大运河和黄河两条路线（均包括其沿岸的陆路）。受政治、文化和人口迁徙等因素的影响，汉语方言的传播总体上是一个"北方化"的过程，但方言的接触与输出不可能完全是单向的。并认为近代以后，尤其是明代以后，江淮方言词逆向传播，影响京师地区，而明清时期正是运河漕运最为繁荣的时期，运河及其沿岸陆路是江淮方言词北上的最重要通道。[①] 杨晓新认为，国内在大运河沿线的方言

---

① 李小平、赵梅赏：《京杭大运河对河北沿河方言的影响》，《河北师范大学学报（哲学社会科学版）》2018 年第 7 期。

文化方面并没有系统、深入的专论或分类研究，主要是在一些方志或方言志因其自身体例和论述范围的要求有所涉及。行政区划的限制，使得这些方志或方言志的论述在跨越行政区域的整体考察方面存在诸多不便，但串联起针对各行政区域的分散论述综合分析，可以肯定，运河沿线地区方言的一些特征与运河的存在有一定关系。①

由于大运河的涉及范围较广，流经地区的方言种类多样，在本地方言为主的情况下，相互之间还是有微妙的影响，有的地区因为运河的流通，属性变化较大。例如镇江地区据称是中国吴文化的发源地，但它展现出了北方方言与吴方言两大方言的结合。尤其是五代和北宋时期，黄河水灾泛滥，北方人南下，进一步促进了镇江原有语言的转化。甚至到了清代乾隆年间，因由"京腔"旗兵驻守镇江，导致镇江方言在历史上又有些京腔成分。

（四）饮食文化

"民以食为天"，中国饮食文化是一种食材多样、结构复杂、层次丰富、视野广阔、品位高雅的悠久区域文化，是中华各族人民在漫长的生产和生活实践中，在食源开发、食具创造、食品烹调、营养健康和饮食文化等方面创造、积累并影响周边国家和世界的物质财富及精神财富。从大运河穿越的纬度线来看，运河沿岸的饮食文化主要呈现如下特色：

第一，以北京、河北、山东为代表的北方地区。主食为面粉、杂粮，副食以猪、牛、羊肉，以及蛋、禽、菜、鱼为佳品。口味偏咸，重油重色。"杂"是其饮食文化的最大特色。

第二，以无锡、常州等为代表的苏南地区。口味上喜清淡、甜咸、爽口，讲究营养，普遍喜食新鲜、鲜嫩食物，忌食辛辣之物；少用调料、辅料，特别讲究保持食物原味。

第三，以嘉兴、杭州等为代表的江浙地区。口味以鲜滑爽口、糯而不腻、清淡纯鲜为主，酸辣次之，主食为米饭，副食为玉米、番薯等杂粮，饮食有本地特色且变化多样，湖州、嘉兴一带喜吃鱼、虾、黄鳝，杭州一带喜食天目笋和蛤蟆。

---

①杨晓新：《大运河的语言"印记"——运河方言特征带初论》，《濮阳职业技术学院学报》2015 年第 10 期。

大运河沿线城市饮食文化深厚，这些食材与特色菜不仅在本地受欢迎，也传播到了沿线其他地区，相互影响与传承。例如山东的德州扒鸡因德州在历史漕运中独具优势的地理位置，与当时河南和安徽的烧鸡工艺之间互有传承。当下沿线各省传承较广的美食制作技艺甚至进入了不同级别的非物质文化遗产名录。

四、对外发展的开放之河

（一）"一带一路"

中国大运河是世界交通大循环的重要一环，流淌的河水、忙碌的船只改变着河畔居民的生活状态，影响着沿岸城市的兴衰发展。洛阳、宁波分别成为陆上丝绸之路和海上丝绸之路的起点，进而成了世界经济交往的重要窗口。

"一带一路"的倡导给全世界带来了新的合作机遇与挑战，大运河从古至今都扮演着重要角色。2022 年，世界运河城市论坛上，世界运河历史文化城市合作组织（WCCO）名誉主席、美国前商务部部长卡洛斯。古铁雷斯通过视频致辞时，呼吁各国发扬"运河精神"，并认为只要有这种开拓进取和坚韧不拔的精神，就一定能克服困难和挑战，走向胜利。古铁雷斯表示，建设大运河文化带是"一带一路"倡议的重要组成部分，为此中国已投入了大量人力物力并付出了巨大努力。毫无疑问，世界运河城市论坛将继续作为促进国际交流与合作的重要平台发挥其重要作用，它对大运河文化带的建设也是至关重要的。大运河及大运河文化带所具备的文化底蕴、航运优势、沿线各类资源对"一带一路"的建设有重要影响，充分发挥着其经济、文化功能。

（二）文化交流

大运河作为千年流动的文化血脉，历史上一度沟通了南北方，至今也还在促进沿线城镇的文化交流，当下众多学者也致力于与运河有关的各类文化研究。大运河文化不仅是中华优秀传统文化，也是不断发展、与时俱进的当代活态文化。

在古代，大运河深刻影响着中华民族多元一体格局的形成与发展，不仅贯通了黄河、长江两大文明区，使燕赵、齐鲁、吴越、中原、荆楚、岭南等地域文化得以相互交流融合，还汇聚了水利、船舶、建筑、音乐、舞蹈、饮食、武术、杂技等物质与非物质文化遗产，形成了内容丰富、层次清晰的大运河文化体系。在中外交流中将中华文明传承至世界范围内，肩负国际文化交流的重大使命，例如，1282年，马可·波罗自大都沿着大运河南下前往扬州赴任，途中在淮安短暂停留。他这样描述：淮安是一座特别大的城市……这座城市船舶众多，在黄色大河之上穿梭。这座城市是州府一级的治所，因此很多货物都在此交易。由于这里濒临黄河，大批的商品在此集散，通过黄河运到各地销售。这里还产食盐，不仅可供本城使用，而且还可输往其他40座城市。大汉从这种贩盐的交易中取得了庞大的税款。南宋初年黄河夺淮入海，淮安便是黄河、淮河和运河交汇之处，而淮安以南，便通过里运河沟通扬州和长江。水运的便利造就了淮安商品贸易的兴起，尤以盐运最为发达，支撑起其明清时代淮安和整条里运河的繁荣。马可·波罗文字中记录的这座商贸之城因运河得到了更进一步的发展。

当下沿线各省都在积极推进大运河文化带建设，对内建设各类运河公园、博物馆、文化馆，开展各类运河研学、画展、商业贸易交流，区域之间进行各类运河论坛、会议研讨、高校合作，在大众生活中加强了运河文化传播功能；对外通过"一带一路"的机遇，加强与其他国家文化的交流，这些努力卓有成效。

（三）制度管理

大运河的开凿与运输展现了古代国家对漕运的严格管理。隋代开始，完整且涵盖面极广的漕运系统在当时产生了积极影响，后来随着朝代更替，制度不断完善，一度影响到西方国家。例如，明朝时期，利玛窦对京杭大运河的美景印象颇深，称赞大运河为"世界奇迹"。他还在《中国札记》中对大运河的漕运管理和运输技术给出了中肯的评价：除了居住在北面运河的百姓外，法律规定，从扬子江来的私商，是不允许进入这些运河的。此项法律有效地防止大量船只阻碍航运，以便运往皇城的货物不致糟蹋。然而，往来船只众多，十分拥挤，在运输中耗费时间，特别是运河水浅的时候。因此，就在固定的地点设置木闸来节制水流，同时，闸还可以作为桥来使用。当河水在闸后升到最高度时，即开放木闸，船只就借所产生的流力运行。这些规范的漕运管理制度也借由利玛窦的文字传播到了西方。

五、民族工业的重要推手

大运河还是民族工业发展的重要推手，甚至直接催生一座工业城市——台儿庄。鲁运河的南大门台儿庄曾经是个以船代步的水城，历来为兵家必争之地，台儿庄大战更让这座城市青史留名。清初，台儿庄已经相当繁华，明清两代帝王每每经过京杭大运河巡视江南，都要在台儿庄登岸巡游，台儿庄的煤炭沿着运河运往各地，促进了民族工业的发展。位于大运河江南河段沿线的常州市经开区丁堰街道，是中国近代民族工业重要发源地之一。百年前，戚机厂、戚电厂和大明厂三家工业企业在运河边建立。历经百年沧桑，大运河（丁堰段）仍保持通航功能，运河畔孕育的工业文明依然灿烂，催生了运河沿岸百年工业文明的繁荣。它因水而生、因水而兴，仍发挥着重要的生产功能，成为运河边最独特的"工业风景线"。

大运河全面带动了沿岸城乡的发展，催生了造船工业基地镇江、近代工业发祥地无锡、对外贸易港口扬州、宁波等重要城市，也留下了"流成的杭州，漂来的北京"的千古佳话。

第三节　大运河的文化精神和价值

中国大运河由隋唐大运河、京杭大运河和浙东运河组成，地跨北京、天津、河北、山东、江苏、浙江、河南和安徽八个省市，沟通海河、黄河、淮河、长江、钱塘江五大水系。直接造就了中国古代社会交通的便利、经济的繁荣和文化的昌盛。大运河使我国南方与北方的各种经济资源、社会资源源源不断地交织、流通，与之相随，民众也加强了交流，易地而居，从而使得文化充分交流、融合，孕育了一座座历史悠久、文化深厚的璀璨明珠般的名城古镇，使得大运河具有非常重要的文化意义和历史意义。

在大运河文化带建设过程中，文化是核心，文化遗产是根本基础，以保护、传承为主旨，融合促进大运河沿线文化遗产保护利用、生态修复、河道管护、经济发展、文化休闲，以及社会的全面进步。大运河文化遗产是"活的"，大运河文化也是"活的"，是大运河自开凿、形成的历史进程中、在当代社会发展和未来明日运河之城的建设中积淀并继续演进的物质和精神财富的总和。只有充分挖掘大运河文化遗产，理解大运河文化的内涵、功能和价值，才能从根本上为大运河文化带建设提供原动力。

一、大运河文化遗产分类

文化遗产包括物质文化遗产和非物质文化遗产两类。物质文化遗产是指在大运河开凿、形成和使用过程中建设、创造的具有历史、艺术和科学价值的遗址、遗迹、文物等各种物质文明，它包含物质生产活动在大运河存留的财富总和，这种可触知的大运河文化物质实体是一种可见的显性文化。在2014年入选《世界遗产名录》的大运河文化遗产中，记录了27段河道、58个遗产点、85个遗产要素，涵盖了河道、古建筑、水工设施、仓储、钞关、历史文化街区等诸方面的物质文化遗产。非物质文化遗产，则是以各种非物质形态存在的，与民众生活密切相关、世代相承的文学、地理学、水利学、艺术学、历史学、制度学、政治学、民俗学、民族学、衣食住行、生活方式、行为规范等传统文化表现形式。非物质文化遗产往往范围更大、分布更广、内涵更丰富，它包含着民俗、舞蹈、音乐、工艺、饮食等在内的制度文化、行为文化和心理文化层，属于不可见的隐性文化。

联合国教科文组织《保护世界文化和自然遗产公约》最新版《行动指南》中把大运河文化的特点归结为"它代表了人类的迁徙和流动，代表了多维度的商品、思想、知识和价值的互惠和持续不断的交流，并代表了因此产生的文化在时间和空间上的交流与相互滋养"。大运河文化，蕴藏着丰富的解读古人和历史的密码，既是一部研究古代中国政治、经济、社会、地理、军事、文化、科技、外交、民族等领域的百科全书，又是一座研究各个民族的生活习惯、行为方式、文化内涵、审美价值等传统文化概念的博物馆。

（一）物质文化遗产

1. 水工设施类

中国大运河历史悠久，作为古代贯穿南北的重大水利工程，各个时期都在沿途留下了诸多弯道、水闸、码头、驿站、减河等水工设施遗存。为解决水流、航运等带来的复杂问题，古代水利专家留下了丰富的运河智慧。

图 1-1　捷地减河新分洪闸出口段（大运河研究会）

为了减缓水流、调控水量，保证船只顺利航行，古人在运河两岸开挖了许多减河。减河就是为分泄河流洪水的人工河道，目的在于减少水势，防止洪水漫溢或决口，选址多在大运河上易于溃坝的低洼要害处。大运河沧州段多减河，因为在历史上相当长的时期，此河水量较大、水灾频繁，如果不降低流速，那么船只行驶和两岸安全将受到极大影响。为治理水患，保障河道安全和漕运畅通，历朝历代都在完善减河及分洪设施，境内主要有捷地减河、四女寺减河、马厂减河等（如图 1-1、1-2、1-3）。

图 1-2　四女寺减河入海口处界桩
　　　　（大运河研究会）

图 1 3　航拍四女寺减河（大运河研究会）

古代水利专家除了开挖减河减缓水势，还人为增加许多弯道。发挥平原的优势，利用自然地形与人工做弯使河道形成连续弯道，人为延长运河长度，起到减缓河水流速的作用，解决了水位落差过大的问题，同时也缓解了拉纤的难度。最后实现了不建一闸而可调节航道水

图 1-4　运河沿岸公园规划图展示的弯道

力和运河水位，其工程效益被归纳为"三湾抵一闸"。南运河河道至今保留着

"九龙十八弯"的原生古河道形态，据统计，从四女寺枢纽到东光连镇谢家坝，全长94千米的河道内就有88个弯。正是因为如此，使得沧州成为京杭大运河沿线里程数最长的城市，占整个京杭大运河里程的1/7，占河北段里程的近1/2。因为弯道多，看上去很近的距离，船行驶起来较远，所以又有"南望德州，北望沧州"的说法（如图1-4）。

我国东部平原水系因受西高东低地形的制约，大都自西向东流向大海，但是京杭大运河是一条南北走向的河流，这条纵贯南北的人工河必然会拦截自西向东的自然河道。诸多水系特别是黄河水的注入使得运河河床淤高，形成地上河，为了防止河水外溢形成水患，古人建立了一整套齐备的堤防系统。南运河堤防系统完整清晰，局部还保存有月堤、格堤、缕堤、遥堤等形态。大部分为土堤，局部兼做公路或城市道路用沥青混凝土、砖做了硬化。南运河段没有砌体纤道，局部主河槽两侧的缕堤在运河航运时期兼做纤道（如图1-5）。

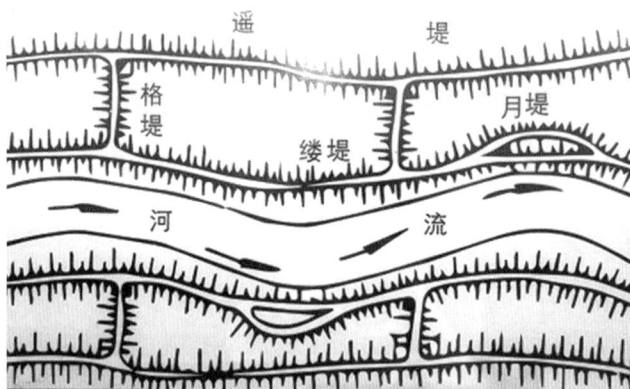

图1-5　堤防系统形态示意图（沧州博物馆）

谢家坝位于沧州市东光县连镇运河五街、六街交界，建于清末，是大运河河北段仅存的两处夯土坝之一。其坝体长218米，厚3.6米，高5米，总面积1175平方米。清末时期，连镇附近洪灾频发。连镇一谢姓乡绅捐资从南方购进万余斤糯米，组织人力用糯米熬粥，用糯米水加灰土与泥土混合夯筑堤坝，夯土以下为毛石垫层，基础为原土打入柏木桩。百姓为了纪念谢姓乡绅的义举，将堤坝命名为"谢家坝"（如图1-6、1-7、1-8）。

图 1-6　谢家坝河道遗址

图 1-7　谢家坝遗址文化建设

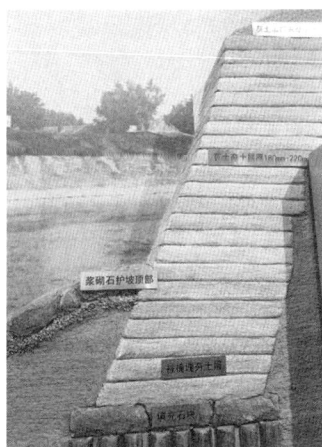

图 1-8　沧州博物馆谢家坝
施工展示（局部）

　　闸，《说文》：开闭门也。在水中，闸是拦住水流的构筑物，可以随时开关。船闸是运河上的必要附属设施之一，可分为两大类：其一是为船舶通航，控制河道水位，建在主航道上；其二是为"引水济运"，建在运河支流及沿运湖泊出入口。运河船闸有专门的船闸管理机构，紧要船闸设有管闸主事，另有闸官、闸夫负责船闸启闭的直接执行。政府对船只过闸顺序也有规定，粮船优先，其次为贡船，然后是官船，最后是民船。

捷地分洪闸是捷地分洪设施的重要组成部分，是沧州境内为数不多的运河船闸之一，也是南运河段现存最早的分洪闸，始建于明弘治三年（1490），距今已有 500 多年的历史，乾隆皇帝曾在此御笔题诗，现存闸口乾隆碑一座。分洪闸的启闭机于

图 1-9 捷地减河高尘头防潮闸老闸（大运河研究会）

1933 年改装德国西门子公司产品，至今仍在使用。减河、弯道、堤防、水闸就成了必不可少的调节设置，至今仍然在运河段发挥重要作用（如图 1-9、1-10）。

图 1-10 捷地减河高尘头新老防潮闸（大运河研究会）

2. 古遗址类

古遗址是各历史时期人类进行生产、生活等真实记录了各个省市、地域、区域历史的变迁。古遗址涉及的类型较多，有古镇、古林、古巷、古码头等。

其中沧州段代表性的古遗址有明朝贾忠任职时建造的沧州州治地砖城遗址"幞头城"。在古代，大运河的运输能力带动了沿岸经济的发展和城市的崛起，沧州便是其中最得风水的城市之一。沧州古城原在今沧县东关，明朝初年迁至长芦镇（今市区）。古城依运河而建，因运河而兴，平面颇似古代男子帽饰——幞头，故被称为"幞头城"。在近年考古发掘中，沧州"幞头城"遗址出土了大量不同朝代的文物和瓷片标本，表明"幞头城"相当繁荣。可以想象，当时运河上帆樯林立，船只往来穿梭，城内外商铺连绵，游人如织，买卖兴隆，一派繁荣景象。

悠长而繁忙的京杭大运河上曾经有58座水马驿站，为南来北往的朝廷官员、客商士子提供歇脚、餐饮、住宿等接待服务。今沧州境内曾有6座，砖河驿码头、兴济范桥码头等都体现出明清时期漕运的繁盛。

其中砖河驿位于沧州城南砖河镇，有600多年历史。毗邻北方盐运中枢长芦盐运使司，明清时期，这里除了代表沧州官方的驿站之外，还曾设巡检、驻游击，繁盛之时，店铺栉比，寺庙林立，是大运河上一处格外重要之地。民国，随着铁路公路交通运输的兴起，运河驿站逐渐废弃。而今，国家大运河文化带战略正积极推展实施，古老的大运河驿站即将迎来新生。砖河驿打造了一处集生态农业、赛马休闲、古建园林、文化展览、特色餐饮为一体的大运河综合公共服务中心，开启新时代背景下的新型驿站模式，服务于大运河文化带的需要。

东光作为沧州段重要的运河古县，境内发现多处沉船遗址，如北宋到民国的东光码头遗址"油坊沉船点南霞口沉船点"，该遗址内曾发现一条金代沉船，出土了大批珍贵文物。

3. 古建筑类

古建筑是物质文化遗产中最大的一类，其历史悠久，数量丰富，类型众多，文化灿烂。在大运河千余年的蜿蜒流淌中，沿岸居民得其之便，世代生活，保存下众多的古建筑。"运河四大名塔"有通州燃灯塔、临清舍利宝塔、杭州六合塔、扬州文峰塔，是大运河沿岸的标志性古建筑。沧州段具有代表性的古建筑众多，有初建于晋代永康年间的清风楼、建于明嘉靖年间的朗吟楼、长芦盐运使郭五常主持建造的南川楼。散发出浓厚的文化韵味。铸造于后周时期的铁狮子"镇海吼"，传说是为了遏制水患频发而修建，是目前我国文物遗留中存世时间最长、整体造型最大的，其形象挺拔威武，巍然屹立于运河之畔（如图 1-11、1-12）。

图 1-11　沧州市区清风楼

图 1-12　沧州铁狮子

　　沧州市区南湖公园对侧矗立的是明朝初年修建的沧州文庙，现存大殿三座及东西廊，整体结构庄严肃穆，是沧州仅存的明代梁架斗拱结构的古建筑，也是当地代代文风盛行、儒学传承的体现。泊头清真寺始建于明永乐三年，位于泊丰市区清真街的南端，是一座木质结构古建筑群，其采用金丝楠木，结合中西方建筑特点，集建筑、雕刻、彩绘、书法等多种艺术形式于一体，体现出了运河不仅作为一条推动中国经济发展的水利工程，也是一座对外联系的桥梁（如图 1-13、1-14）。

图 1-13　沧州文庙

图 1-14　东光铁佛寺

4. 近现代重要史迹类

巨大的时代变革对中国社会各界都留下了印记，在运河沿线也见证着近现代历史的变迁。沧州临近北京政治中心，不可避免地留下了众多时代的烙印，如捷地炮楼、连镇炮楼、解放桥（朝日桥）等多处日军侵华战争时修建的军事建筑；又如国家级文物保护遗址马厂炮台，是目前沧州段运河两侧保存较为完好的军事建筑，反映了中国近代军事力量的进步。

大运河沿岸曾经诞生过众多园林，作为长芦盐运使驻地的沧州及其附近县镇，许多达官士绅借助运河风水，广造别墅，务极幽胜，极大丰富了当地的园林文化。而城市内外建筑则以庙宇、牌坊、亭、台、楼、阁为主。大运河沧州段沿线比较知名的楼阁有清风楼、朗吟楼、南川楼等（如图 1-15、1-16）。

图 1-15 沧州朗吟楼

图 1-16 沧州南川楼

如果说城市是有生命的，那么运河和桥梁便是它的经脉。一桥连两岸，两区贯东西。走街串巷方便了，人间的亲情自然也多了起来。大运河，沟通南北，却阻断了东西，古代运河两岸人们常常隔水相望，历朝历代也常以运河为界建立辖区。这一状况至今仍存在于吴桥、东光等地。因河相隔，两岸居民交往很少。有了桥后，好多人也因为对岸没有亲朋好友而难得过一次桥。桥因河而建，人因桥而旺。桥头自古就是人们招揽生意、做小买卖的地方。现代以来，新华桥西岸的菜市场就人气极旺。如今，运河桥两侧多建成了秀美的景观带，成为人们休闲健身的场所。

据考证，在这些桥梁中，沧州城内运河上最早建成的大桥是位于原菜市口渡的解放桥。该桥始建于20世纪40年代，当初日寇侵占沧州城建的木桥，时称"朝日桥"。运河桥是连通两岸的咽喉要道，更是兵家必争之地，这注定了解放沧州时

图 1-17 沧州胜利公园纪念碑

军桥之战的激烈。1947年解放沧州时，此桥主要用于军需运输，人民解放军强夺此桥，才攻进沧州城，故称解放桥，老沧州人还称其为军桥。在这场战斗中，军桥是通向沧州城的唯一通道。当年，解放军正是率先冲过军桥，顺江岔子而下，一路打通沿路街道、胡同，冲至南城门下而最终解放沧州的。新华桥北、运河西岸的胜利公园里，朱德总司令题写的这首《冀中战况》（如图1-17、1-18、1-19）：

图 1-18　沧州胜利公园雕塑　　　　　图 1-19　沧州胜利公园雕塑

"飒飒秋风透树林，燕山赵野阵云深。河旁堡垒随波涌，塞上烽烟遍地阴。国贼难逃千载骂，义师能奋万人心。沧州战罢归来晚，闲眺滹沱听暮砧。"

《青沧战役》一书也真实记录了军桥之战中指战员们的智慧与勇敢。他们视死如归，誓夺军桥、解放沧州的壮举豪气冲天，令人热血沸腾。在沧州军分区退休干部孙福军眼中，军桥一战，烈士鲜血和运河之水一起融入沧州大地，化为沧州人精神内涵之一，激励着一代又一代人为建设沧州而奋斗。今天的正泰茶庄就是当年国民党的临时指挥所，未拆建前，墙体上留有多处弹孔，那是历史的见证。

木桥曾与运河相依、彻夜相伴，成为运河文明的一种标注，也化为运河文化的一种回忆。1975年解放桥改建成现在的单孔钢筋混凝土桥。

图 1-20　沧州解放桥

今天的解放桥一带，没桥时，河东称江岔子，河西称菜市口；有桥后，民间多称解放桥为菜市口桥。后来有了新华桥，老百姓又称解放桥为老桥，新华桥为新桥。年过古稀的陈家兴老人，曾在今解放桥东偏北 200 多米钱铺街居住多年，那里当年曾是一条商业街。老人的记忆里，这一带尤其是今南湖运河拐弯处容易发大水，几乎每年都发生一两次水灾。短短几十年里，海河路桥、九河路桥、黄河路桥、解放桥、彩虹桥、新华桥、永济路桥、渤海路桥……一座座运河桥飞架于运河之上，不仅把运河区和新华区连成一个整体，构筑了沧州的城市框架和规模。如今，桥连桥、桥并桥，运河上的桥越来越多、越来越宽，见证着狮城美丽的蜕变。九河路桥虽建得最晚，却朝气蓬勃、华美异常，成为运河上的新风景、狮城的新地标。运河和桥交会融合，钢筋水泥的深处便迸发出一种深深的情感，传递着一种炙热的温度，散发出一种独有的气质：水桥相济、人城合一、包容共进（如图 1-20、1-21）。

图 1-21　沧州彩虹桥

与此同时，还有一些沿岸墓群、碑刻遗迹等。如记载运河往来运输制度的《漕院明文》碑。《漕院明文》碑出土于河北沧州泊头，该石碑高 1.26 米，宽 0.52 米，厚 0.18 米。石碑两面均布满正楷碑文，正面顶端为明崇祯二年（1629 年）六月雕刻的"漕院明文"四个字。碑文提到，由于运河运输繁忙，致使朝廷所需的白粮（一种专供品）在运输途中常受官船、军船排挤，甚至遭流寇侵扰劫掠。为此专门下文，要求各运河重要码头刻石勒记，明文规定不得阻挠白粮运输，同时，民夫、纤夫应与其他船只平等对待，以此确保白粮运输畅通无误。碑的背面刻有关于纤夫、浅夫、丁夫及漕运管理人员数目的规定。

为了保证粮食的及时调运，政府积极整治御河的漕运，规定各路沿运河之城均要设置粮仓，用来存贮当地及周边州县的税粮。南运河自隋代贯通至明清，始终是国家的交通命脉，明、清两代每年都有约 400 万石漕粮途径沧州运至北京。因此树碑显制。又如，明时不依附宦官刘瑾被害的南京户部尚书张缙墓、汶运交汇口的大运河左岸龙王庙遗址处发掘的《重修分水龙王庙、宋大王庙、白大王专祠、新修鉴远亭》碑刻，以及清乾隆帝沿运河南下在捷地镇观看河闸时亲笔题词的捷地乾隆碑等，都极具历史文化价值（如图1-22）。

图 1-22　沧州博物馆《漕院明文》碑（局部）

（二）非物质文化遗产

运河沿线的非物质文化遗产非常丰富，也是中华传统文化发展性传承和利用的重要地域优势文化资源，多为世界文明前列的中华文明的"金名片"。

1. 大运河建设的水工智慧

水工智慧通常是运河本体筑造过程中直接相关的形成、完善、改造或再设计的水工工程技艺等。例如运河开凿与发展过程中使用的传统助测度量技艺；运河分水、引水、蓄水、泄洪中设计和开挖减河、弯道等水工营造技艺；为了有效控制水位加固运河堤防、构筑闸坝的技艺等。

2. 运输、运转中功能性非物质遗产

大运河运输、运转中功能性非物质遗产即以漕运、行船等为核心的传统技艺，如运河船只的传统制造技艺，粮仓等建筑的营造和维护技艺，大型货物的转运技艺，漕船行驶、船舶过闸等传统技艺。

漕运舟船制造技艺非常精妙高超。明初漕运粮饷，船型沿袭元制，一直使用遮阳海船。《明史纪事本末·卷8·北伐中原》中记载:"太祖洪武元年二月癸卯,昭汤和还明州造海船,漕运北征军饷。"清魏源《圣武记·卷1》记载:"时明关外军饷,皆海运积觉华岛,距宁远城南十六里。"《漕船志·卷3·船式》中有记载:新造海运漕粮船的船体尺寸需符合元海船的形制:遮阳海船的船底一般长六丈,船头长一丈一尺,艄长一丈一尺,底阔一丈一尺,底头阔七尺八寸,底艄阔六尺,梁头十六座,头伏狮阔一丈,艄伏狮阔七尺五寸,使风梁阔一丈五尺、深四尺八寸;龙口梁阔一丈二尺、深四尺八寸;后断水梁阔九尺五寸。深六尺,两长板每边阔四尺五寸,底栈每一尺四钉。

3. 民俗类非遗

大运河流域较广,沿线衍生的民俗种类多样,涉及生产、生活、礼仪、节庆习俗等内容,这些民俗文化经过世世代代的身口相传,将乡土文脉延续。涵盖幽默风趣、地域文化特色明显的典型方言,彰显船家生活的船家文化,包括民间典故、神话传说、各类歌谣、船工号子在内的口头传播文化,还有庙会、祭祀等节庆风俗。

沧州段的民俗类非遗有正月十五元宵节、正月十六"遛百病"、二十五填仓打囤、双塔刘世印屯庙会、泊头骡马市经纪、觉道庄老子祭奠、青县盘古庙会等。青县盘古庙会民俗文化活动因祭祀禹王而形成,独具特色。每年春季举行,起初是焚香祭告、祈福保佑等礼仪活动,其后影响范围逐渐扩大,发展成商铺林立、货品琳琅满目的交易集市和南昆北曲、百戏交融的文化表演的综合场所,形成当地著名的儒、释、道宗教集会和民间节日活动。庙会开始前,四面八方慕名而来的行人齐聚盘古殿四周。庙会进行时,鞭炮齐鸣,气氛热烈,首先由当地政府领导宣读盘古功绩、高德的祭文;然后由古殿主事讲述天地万物、人与自然、人类各族和谐共生的理念,行举香跪拜之礼;最后四人肩舆,抬着盘古塑像先在盘古墓上香施礼,后由众人跟随沿各主要街巷巡游祈福。庄重的祭祀祈福活动,既表达了百姓对逝去先人的缅怀,又寄托了对未来生活的美好期望,整体氛围肃穆、庄严、隆重。

4. 传统表演类非遗

在大运河沿线地区形成、发展、传播了丰富的表演艺术,涵盖了传统曲艺、传统戏剧、传统舞蹈等多种艺术形式。

曲艺是中国民间各种说唱艺术的总称,它是口头文学、民间故事和歌唱艺术相结合并且历史悠久、经长期发展演变形成的一种独特的艺术形式，在我国流传久远而广泛。它在宋代被归类于"宋代百戏"，近代归类于"什样杂耍"，直到中华人民共和国成立后，才有了稳定且统一的名称——曲艺。其种类众多，如京韵大鼓、相声、山东快书、苏州评弹、扬州弹词等。与表演相关的传统音乐又有古琴艺术、唢呐艺术、锣鼓艺术等。

中国的传统戏剧深受地域风土人情及运河文化的影响，形成了百花齐放、各具特色的地方剧种，有京剧、昆曲、评剧、越剧、梆子戏等，主要可分为有唱腔的戏曲剧种和傀儡戏曲。皮影戏和木偶戏是傀儡戏曲的代表剧种；有唱腔的戏曲剧种的腔调受地域特征影响显著，是我国古代戏剧中最为经典的一环。沧州段的传统戏剧有青县哈哈腔、青剧、吴桥独台戏等剧种。其中独具代表性的戏剧是青县哈哈腔，又名"喝喝腔""合儿腔"，寓意是能使观众哈哈大笑。青县哈哈腔是大运河沧州沿岸乡风淳朴、浓厚的地方剧种，流行的绝大部分地区都处在南运河流域内。

舞蹈自原始社会起就与人类文明相伴，是人类最古老的艺术形式之一。中国传统舞蹈拥有独特的魅力和生动的神韵。民间舞蹈是由当地老百姓结合地域风俗、民族传统文化等元素自编、自导、自演，长期演练而形成的群体性舞蹈活动，应用于节日婚庆、祭祀仪式、民俗活动等场合。如京西太平鼓、竹马会、落子舞、狮舞、秧歌等。沧县狮舞是沧州段代表性的传统舞蹈，其艺术在历史上最早可追溯到汉朝，分为文、武两种。早期阶段，狮舞动作和神韵效仿狮子的日常本能天性，以戏耍和逗趣为主，配合传统乐器的鼓点和节奏，表演张弛有度。明清时期被沧州人熟知，在原有表演的基础上又融合了武术和杂技中的上高凳、爬杆等颇具难度的动作技巧，整体增加了威武感，形成了独特的表演风格。

5. 传统技艺类非遗

大运河沿线地区的经济发展、商贸繁荣助推了传统技艺的产生和发展。传统技艺是以手工劳动为基础的技艺表现形式，有别于现代工业化机器产物的标准性、单一性，传统手工技艺种类、数量繁多，个个都是独一无二的精品，占非物质文化遗产中的一大类。如北京景泰蓝制作技艺、泊头铸造工艺、临清的贡砖烧造技艺、苏州宋锦织造技艺、扬州漆器髹饰技艺、龙泉青瓷烧制技艺、湖笔制作技艺、碧螺春等名茶加工制作技艺、北京烤鸭等美食制作技艺等（如图 1-23）。

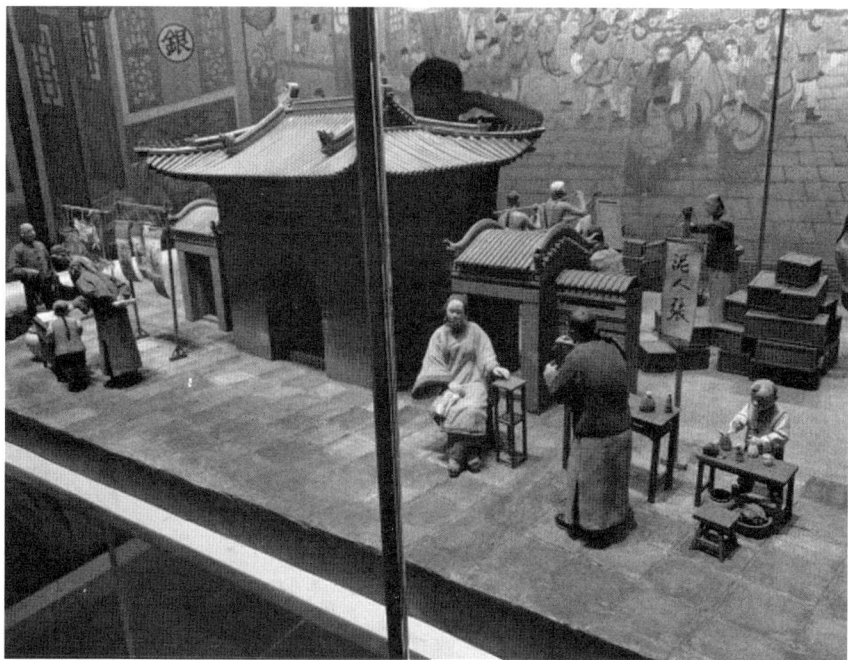

图 1-23　中国大运河非物质文化遗产展示馆"泥人张"作品展示

　　大运河沧州段的传统技艺类非遗众多，有"汇集天然、德聚芳香"的沧州传统手工制香技艺、历史悠久的泊头传统铸造技艺、曾被誉为亚洲地区最大火柴厂的泊头火柴制作技艺、运河之畔的三井十里香酒酿造技艺、东光雕花陶球泥塑技艺、沧县镂空木雕雕刻技艺、吴桥手工挂面制作技艺、冬菜制作工艺等。其中，沧州传统手工制香技艺和香文化相生相伴，文脉源远流长。香文化源于先秦，兴于两汉，盛于唐宋。祭祀祈福、熏烧蕙草、燃香助兴的香文化一直伴随民生日常。沧州传统制香技艺取材于天然中草药，制香工艺繁杂严谨，以家族形式传承 150 余年，随大运河奔流而与时俱进，香品文化也不断向系列化、多样化方向演变。十里香酒酿造技艺也颇具代表性，此酒的历史可上溯到明清，源于运河沿岸的一口古井，因取其井水酿酒，味道醇厚，香飘十里，故得"十里香"美名。明清时，漕运兴盛，上覆三眼之巨石，人称"一步三眼井"，又称"三井"。商贾为利奔走运河两岸。泊头作为沧州段最著名的运河码头之一，为十里香酒的传播创造了地理和交通的区位优势，"十里香"酒因运河名扬天下。

6. 传统体育、游艺与杂技类

"体育"一词出自 19 世纪 70 年代的日本，在中国最早见于 20 世纪初的清末。2009 年 7 月 9 日至 11 日，国家体育总局重新定义了"传统体育"。

传统体育是在中国传统的健身和娱乐活动中演化而来的体育活动，其中武术是以套路和搏斗相结合的运动技艺，游艺是以消遣休闲为宗旨的游戏竞技，杂技则是各种表演技法的总汇。在大运河沿线地区形成发展或传播交流的典型中华传统体育、游艺与杂技类非遗，有沧州武术、临清武术、吴桥杂技、聊城杂技、杂技口技、传统戏法等项目。

沧州既是世界闻名的杂技之乡，又是武术之乡。沧州武术素有"武建泱泱乎有表海雄风"之说，在燕赵之地享有悠远的盛誉。明清时期漕运兴盛，大运河沧州段成为大宗货物和商品的必经之路，也是高官巨贾水上货运重要通道。为保障水陆人身、财产及物品安全畅通，经常乐于雇佣沧州习武人士为镖师。而且，无论南来北往的镖车、镖船经过沧州，必然要放下镖旗，停喊镖号，悄然而过。"镖不喊沧"已成为百余年来护镖保镖行当共同遵守的规则。运河货运保镖护航进而致使沧州武风越发盛行，延运河的运输传播声名远扬。沧州段在传统体育非物质文化遗产众多，有武术、射箭、龙舟、马球、蹴鞠、捶丸、棋术、踢毽子、抖空竹等。其中武术又有燕青拳、劈挂拳、二郎拳、查滑拳、戳脚、弹腿、苗刀、疯魔棍、阴阳枪、太祖拳、杨氏青萍剑等传统项目（如图 1-24、1-25）。据统计，沧州在明清时期出过武术进士、武举人 1937 名。源起或流传沧州段门类、拳械达 52 种之多，占全国 129 门类、拳械的 40%。

图 1-24　沧州博物馆武术文化展厅　　　　图 1-25　吴桥杂技大世界表演

在民间艺人沿运河北上或南下的游艺表演中，吴桥杂技也得到迅速发展和广泛传播。杂技是一种以人的表演为载体的视觉感官艺术，是向人口密集地区汇聚的流动商品。明清时期漕运的兴盛不仅仅是推动了运河两岸新兴城镇经济的崛起，也为吴桥杂技艺人提供了表演的场所和人气。近代史上大运河沿线大城市中出现了著名的艺人活动聚集区，江湖艺人称之为"杂八地"。这些地方聚集着小商贩和民间艺人，打把势卖艺的杂技艺人几乎都是以吴桥人。大运河沿线的游艺与杂技绝活有三仙归洞、仙人摘豆、大变活人、大卸八块、上刀山、吊小辫、蛇钻七窍、落活、硬气功等，总结起来吴桥杂技居多。

"十不闲"是一种清代中期的曲艺表演形式，既是传统表演类非遗，也属于游艺类项目。演员需要用脚、手、手腕等工具操纵乐器，手、足不停闲，因此得名"十不闲"。它诞生于清朝康熙年间，是从淮河流域通达两京的小戏，俗话称"十不闲的不害羞，挑着担子满街遛。南京收了南京去，北京收了北京游。南北二京都不收，黄河两岸度春秋"。

此外，还有传统医药类的青县点穴拨穴疗法等大运河非物质文化遗产。在运河文化遗产保护利用的新时期，"保护好、传承好、利用好"优秀的文化遗产资源，对于建设和打造大运河文化节具有深远的历史意义和现实意义。

二、大运河文化精神与运河学

（一）大运河文化及其精神

中国大运河开挖、畅通与衰落的过程，凝聚着中华民族与大自然斗争与共处的华夏智慧和人文精神，也在一定程度上凸显了中国社会特殊的运行与发展轨迹。它不仅是我国古代最重要的物流大动脉，更是一种技术文化、制度文化、社会文化和生活方式、知识体系。大运河及其流经的线性区域所孕育的中国传统文化是人类共同守护的文化财富和国际公认的文化符号，也是中华民族的文化底蕴和精神特质之一。

千年运河，沟通南北。"千年"与"南北"构建出生生不息的时空隧道，体现出大运河"沟通"的精神本质，是从历史文化中提炼出来的精华。即大运河在物理空间中的"沟通"转化为在文化空间中的流通、联通、变通和融通等多重文化特性与内在价值，是一种集统一性、多元性、凝聚性、包容性的"融通"为一体的大运河文化精神，具有超越性。

流通，体现出大运河是流动的文化，包含着河流、物流、信息流与文化流，进而形成历史、社会的流动，是大运河的文化先导。漕运乃"国之大计"，在一定程度上决定着国之命脉，漕运物资与信息流通不仅是"国之制"，还是中国社会发展的"利之道"。

联通是古代先民人工开挖运河并利用自然河道封山浚川，联江达海，疏通四域的过程。公元前 486 年，吴王夫差为北伐齐国争霸中原，在扬州附近开凿了邗沟，自此开启了中国大运河的起点；公元前 482 年，为西进攻晋又开通荷水，沟通了江、淮、黄河；百尺渎通往钱塘以沟通吴、越；三国时期吴国的破冈渎、丹徒水道联通了太湖流域与都城建康；形成引输水要求了华夏东南部水网。秦统一中国后，对各国开凿的运河不遗余力地加以疏浚和开凿。公元 204 年始，曹操先后开凿疏浚古河道白沟、开凿平虏渠、泉州渠，将黄河以北的漳河、滦河、滹沱河等自然河流连接至济水、淮河等水系，使北方运河与黄淮以南的运河相连，大运河水系初步形成。1959 年以后，结合南水北调工程，扩建了徐州至长江段 400 余千米河段；1960 年，根据引黄输水要求，从无锡县（今无锡市）、江阴县（今江阴市）、常熟县（今常熟市）抽调大批民工开挖河道，且建成扬州京杭运河大桥，一年后河道工程暂停，1965 年再度复工引黄；1974 年 10 月，老鸦浜到黄埠墩一段再度开工；1976 年 5 月，此段工程被列为国家重点工程；1983 年底，新河道全部通航。大运河改道、整治缘于人类对水资源认识和利用的不断深化，与经济的发展密不可分，其所折射出的是技术更新与观念变革。

在大运河的流波中汇聚融通，充满了生机和活力。融通体现出大运河孕育出各美其美的多元文化延展了中国文化的空间，带来了美美与共的文化交融，使中原文化、燕赵文化、齐鲁文化、楚汉文化、江南文化、良渚文化、巴蜀文化，乃至整个华夏文化呈现出丰富、多元、交融的格局。

在地理领域，大运河流经 8 省 27 市，从空间上拉近了中国南北的距离，搭建起了中国与世界的通道。隋唐以来，大运河联结的范围扩大，进而实现了五大河流之间的沟通。唐、宋时期以浙东运河为通道，实现了大运河与大海的连接，将运河区域联通到了世界范围。通过文献资料和考古实物资料考证发现，在元明清时期，京杭大运河与陆地丝绸之路和海上丝绸之路相连，均有成熟的通道。从北京、通州向北出发，历史上曾有成熟的驿道或者商道，与丝绸之路相连接，通向北方草原，再延伸至欧洲；从杭州到浙东运河，延伸至港口城市宁波，与海上丝绸之路相连接，从而通向南亚各国。在政治经济领域，隋唐宋至元代，大运河从扇形到直线形，有了"裁弯取直"的改变。沧海桑田，王朝更替，从隋唐的洛阳、到北宋的开封、南宋的杭州、再到元、明、清的北京，国之都城依运河而建，逐渐从黄河流域拉至运河并作南北分布，进一步联结东、西向自然河流及交通枢纽，共同构建了中国地域的线性框架格局，形成了贯通欧亚大陆国际的交通、贸易体系，从国家战略格局上促进了传统经济、政治格局的改变，保证了国家统一和安全。从文化领域，大运河在引动交流融合中，汇通着南北人文。全国各地的建材、工艺、文化，被源源不断传递到北京城，巍峨的故宫城墙和室外砖石是来自山东临清烧制的青砖搭建、铺陈；宫室内前三殿内铺有来自太湖底的淤泥烧制的"金砖墁地"；故宫木料是来自两广、云贵的楠木；甚至整座京城，都被称为"运河上漂来的城市"。淮扬名菜、扬州八怪、枫桥夜泊、天津杨柳青年画、沧州铁狮子、吴桥杂技、"镖不喊沧"，都是大运河沿线的文化记忆。大运河所过区域也皆是历史上人文荟萃之地，作为中华民族最具代表性的流动文化标识，具有独特的精神内核与历史文化价值。当下，在国际经济一体化、科技飞速发展和中华传统文化保护、传承与利用的大背景之下，"通达之力"依然是大运河文化的精神内核。贯通古今，万物流通带来的不仅是科技和物产的全球化，更是世界文明的互鉴。

（二）大运河文化研究的基本内容和方法

中国古建筑学家罗哲文倡议像当初建立长城学一样建立一门研究大运河的专门学科——运河学。他指出："大运河一半是天工，一半是人为，凸显了中国历史、文化、遗产的独特之处，值得去梳理并加以详细研究，建立起一种学说。"他相信运河学将比长城学的发展更为迅速。这一倡议获得了诸多关注、保护运河文化的专家学者的共鸣与支持。大运河的兴衰、历史地位，以及辉煌未来，尤其是其所呈现出的中国特色，都应该系统梳理、详细研究。

运河学是围绕大运河的历史与现实，形成的一整套挖掘、研究、保护、开发的知识体系及理论方法。涉及了地理学、历史学、政治学、经济学、社会学、人类学、艺术学、文学、教育学、生物学等众多学科。因此，对于运河的研究不能简单地、孤立地从某一个学科层面进行梳理，可尝试从以下四个层次分类入手：一是把大运河"本体"及与其相关联的内容作为物流通道和遗产，从自然地理学的视角出发，研究物质层面的运河；二是把大运河凝聚为文化符号，从制度与历史角度研究社会与文化层面的运河；三是把大运河作为主观性和活态化内容的纽带，从运河沿线人民的生活方式、文化传承、社会心理等精神层面研究运河的人文情态；四是把大运河作为天工、人巧交融的中国历史、文化、遗产，从中华传统文化的角度研究国际层面的中国特色大运河发展之路。

运河学研究是理论与方法互鉴的过程，即方法交叉、理论互鉴、问题导向三者的融合。在具体研究中，以宏观问题为导向和目标，以问题牵引不同学科视域下的实践整体研究，将客观现象的解读、历史内涵的分析、艺术价值的表现、客观规律的总结等内容进行多元整合，最终获得不同学科有关运河的"视域融合"，进而产生综合性研究成果。

（三）大运河文化研究的未来

2014年中国大运河申请世界文化遗产成功之后，国家和运河沿线省市诸多领域的专家学者开始积极探索对大运河文化遗产的定位和相关理论研究。2017年以来，大运河文化带、大运河国家文化公园等重大工程陆续部署和深入推进，既体现出国家大运河文化遗产价值的肯定，也明确了对大运河社会功能的重新定位，为大运河文化研究的未来发展奠定了坚实的理论基础和科学导向。

当前，中华民族处于"两个一百年"奋斗目标的历史交汇点上。特别是党的二十大后，以史为鉴对实现中华民族伟大复兴的文化强国有着更加重要的战略意义。我们应该基于历史，面向未来，以大运河文化带建设为线、沿线特色区域为点，发扬地域文化资源的优势。一是以向内的视角，把"运河放入中国"；二是以向外的视角，把"运河放入世界"；三是以向前的视角，把"运河放入未来"。将大运河文化带建设与"一带一路"倡议相对接，将中华传统文化的开放和包容与运河文化研究相结合。

第一，加强基础研究，为相关学术工作提供理论支撑。

学术界对于大运河文化的研究涉及历史、地理、民族、宗教、边疆、生态、交通、经济、金融、教育、水利、航运、外交等众多领域，目前还处在初期阶段，需要进一步系统梳理、深入研究。建议由国家级学术科研组织集中统筹，逐一列出分步骤、持续性的研究规划，协调相关各个学科、省域、部门，进行深入挖掘，讲好运河故事，传承运河精神，形成推动大运河文化带建设的强大凝聚力。

第二，集中力量，开展全方位实地调研和科学考察。

学术研究的应该建立在实地调研、科学考察的基础之上，这是中国共产党人的优良传统。此项工作建议由国家层面的教育、文化、科技部牵头，具体任务落实到中国科协、中国科学院、中国社科院等学术性团体，吸收国内外的大学、科研院所、运河研究院等，对中国大运河和"一带一路"沿线开展具有科学性和前瞻性的长期深入的综合考察，并跟踪研究，在科学考察中就各个专题形成一批有深度的学术成果。同时，充分发挥政治协商体制优势，围绕大运河文化保护传承、文旅融创产业发展等课题，深入调研论证，积极献计献策，在实践中逐渐掌握学术话语权，为政制定策、建设发展奠基，为大运河文化带建设的国家战略提供战略咨询、智力支持和学术支撑。

第三，实现大运河文化带建设与社会经济发展的对接。

大运河连接五大水系，几百年来，大运河不仅是王朝的生命线和交通大动脉，也是联结古代海陆丝绸之路的重要通道。将大运河文化带建设纳入"一带一路"大框架，可以释放出大运河沿线地区最有活力的经济动能，实现大运河文化带建设与社会经济发展的对接，进而形成一个横通东西、纵贯南北、连接欧亚的全方位、大系统战略格局。

三、大运河文化的价值

中国幅员辽阔，物产丰富，具有得天独厚的资源禀赋。中国古代先民们以顽强的意志、巨大的勇气和高超的技艺开凿了磅礴的大运河，充分激活了广阔腹地内取之不尽、用之不竭的资源在这片广袤土地上的畅通流转，并在此过程中形成了独具特色的中华文明体系。中国大运河是建立在国家治理和经济文化交流上的大融合。随着历史的发展和社会的进步，大运河文化的内涵和外延不断地扩展、延伸、融合、创新，越来越显现出社会化、多样化、现代化和国际化的发展趋势。

"大运河是祖先留给我们的宝贵遗产，是流动的文化，要统筹保护好、传承好、利用好。"是习近平总书记作出的重要指示。大运河不仅是中国历史文化资源，也是世界文化遗产，更是流经地区独特的核心文化品牌，具有多维度的价值。2023 年 5 月，国家大运河非遗展馆在沧州园博园开幕，大运河国家文化公园的建设逐步完善，其中不仅要把握大运河文化的深刻内涵，而且要深入阐发和弘扬大运河文化的价值，进而加强大运河文化的发展性传承。

（一）历史价值

大运河是以物态文化创造出的流动的历史。它历经 2400 多年的历史，跨越了奴隶社会、封建社会、半封建半殖民地社会、社会主义社会四种社会形态，囊括了中国若干个朝代的政治、经济、军事、文化。既是一种社会现象，又是社会历史实践积淀的产物。

中国历史文化名城保护专家郑孝燮指出："如果将京杭大运河的历史价值、文化内涵和对中国历史发展的贡献相加，在某种程度上说可以与长城媲美。"那些现存的大运河物质文化遗产，以其具体和客观的实物真切地记录了人类活动的遗存，反映和见证了人类历史的变迁。非物质文化遗产同样具有独特的历史的价值，创造出多民族的历史、地理、传统习俗、风土人情、行为规范、思维方式、价值观念，富有可传承、可创造的生命力。二者直接或间接地反映着大运河的悠久历史，反映出沿线城市的历史演进，呈现出古代先民为大运河的贯通和繁盛所做出的历史贡献，增强了中华民族的文化自信与自豪感。

促进了沿岸地区人民的往来交流，同时促进了政治的稳定、商业的兴盛、经济的繁荣，进而加固了国家统一。中国大运河是历朝统治者统御南北、总揽全国的重要纽带。因政治、军事和经济需要而开凿，更因通航、漕运而发达，是封建国家南粮北运、军队给养和充实国库的重要保障。纵观历史，中国大运河把中国南北四方联结成了一个政治共同体、经济共同体、文化共同体和社会共同体，进而塑造了多元一体的国家。

（二）科学价值

中国大运河的开凿和贯通是借助天然河道的自然基础，尊重自然规律和科学规律，通过人主观能动性因势利导，将人工河道和自然河道巧妙连接疏浚的伟大成果，展现了人类合理利用和改造自然的伟大智慧。中国大运河连接起黄河、淮河、海河、长江、钱塘江五大水系，形成东西相连、南北互通、辐射全国的交通网。沿线气候条件差异大，地形复杂多变，水资源分布不均，因此修建了涵盖闸、坝、堤、水库、桥梁等各种难度巨大的水工设施和系统工程，创造了跨越千年的漕运体系，堪称世界水利航运工程史上的伟大创造。许多重要的文化遗产是前人运用其所处时代所掌握的科学技术创造出来的人与自然天人合一、和合共生的劳动成果，会受到当时可利用的材料、工具、建筑工艺等多种因素的制约。从纵向发展来看，可以理解为一种技术和手工技艺形成和发展过程中不断实现技术改良和技术创新的发展史，具有高度的科学价值。

科学价值不仅由物质形态体现，如古运河水工设施、沿线矗立的园林建筑、亭台楼榭等，还可以由水工智慧、表演艺术、游艺项目和传统手工艺等非物质形态体现。以大运河沧州段东光连镇谢家坝工程为例，坝体采用以糯米的黏性混入建筑材料进行夯筑的方法，在夯土层下放置毛石作为背垫，在土层上打入层层的木桩，整个坝体非常坚固。有效缓解了坝体处于运河一个急剧拐弯处，受河流和洪水的冲击严重，在降水量较大的时期易发生冲垮堤岸的事故的风险隐患，且利用长达百年之久。这些都是中华民族前赴后继、勇于探索、团结奋进、不断积淀的智慧成果。

中国大运河成为人类文明的主要原因是它积累了中华民族数千年的科技文明，缔造了天人合一的生态网络，承载着天人合一的精神内涵，凝聚着历代运河建设者的治水智慧和治国理念。这种科学价值充分展示了中华民族勤劳勇敢、自强不息的精神内核，彰显出与时俱进、传承创新的时代价值。

（三）经济价值

中国大运河是我国古代贯通南北的经济命脉，交流便利为中国大运河商业文明的形成奠定了现实基础。"漕运之制，为中国大制"，大运河保障了全国政权、经济的稳定。隋代发展江淮漕运，先后开凿了通济渠、永济渠，重修了江南运河，形成了以洛阳为中心、北抵河北涿郡、南达浙江余杭的大运河。元统一中国后，对大运河全面规划，统一治理。开挖了济州河、会通河、通惠河，将隋朝呈扇面展开的大运河裁弯取直，缩短航道近千里，中国大运河正式形成，保障了大都（北京）数百万石粮米及百物供给。"漕艇贾船如云集，万国梯航满潞川"，《万舟骈集》生动描绘了大运河沿线繁盛商贸的景象。无数官船、商船、货船和客船纵横交错在大运河的水上交通网上，将漕粮、丝绸、茶叶、瓷器、木材、食盐、棉花、药材、干鲜土宜等各种商品流转至各地，推动了南北物资的交流。巨大的人流与物流推动了众多城镇因运河而兴盛，催生了庞大的餐饮、住宿、娱乐、仓储、商品交易等多种市场，沿线城市间的商品贸易快速交融、发展，形成了立体的商业网络。唐玄宗开元二十九年（741年），京都长安广运潭举办了东南轻货博览会，"宣城郡船，载有空青石、纸、笔、黄连"。自此以宣纸为代表的手工艺品扬名京师，驰誉全国。北宋都城开封是著名的运河沿线城市，汴渠是最紧要水运要道，《清明上河图》精彩呈现了汴京当时之繁华。商业版图的拓展进一步带动了城市扩张和人口增长，促进了中国手工业、服务业、加工业、娱乐业等各行各业的发展。明清全国八大钞关中，有七个设置在中国大运河沿线。大运河沿岸区域活跃着徽商、晋商等众多商帮，既构建了商业秩序、繁荣商品市场，又丰富了民需物资、带动地方经济。例如一些徽商通过商业组织的形式修造会馆、扶危济困，或入仕为官，或公益互助，投身到国家和当地的政治、商业、文化事务中，发展成为当时重要的商业文化，成为大运河文化的重要组成部分。

中国大运河是由国家统筹巨大的人力、物力、财力，组织建造并管理维护的巨大工程体系，是依靠各族人民齐心协力付出辛劳智慧来实现的。中国大运河所滋生的商业观念是富而知礼、义利相辅、积极进取、顽强拼搏的，实现了在广袤土地上大跨度地调配各种物产和资源。

经济价值是文化遗产保护利用的基础性价值。随着全球化经济的发展和民众精神生活需求的提高，全社会掀起"旅游热"，大运河沿线丰富且珍贵的自然景观和文化遗产都是旅游资源。在大运河文化带建设的背景下，运河文化名城的打造逐步形成了"一线多珠"运河文化名镇，塑造了沿线各地独特的文旅产业品牌。

（四）文化价值

大运河文化是凝结在物质之中又游离于物质之外的历史人文和精神信仰。观乎人文，化成天下。它蕴涵着人工开凿的水利属性、连接南北的社会属性、国家制度的战略高度，是一种综合的文化形态。中国大运河因水而成，因水而兴，辐射四方，顺自然、利万物、润天下、兴邦国。它滋养着运河沿线百姓一代又一代繁衍传承，流传着人类社会历朝历代的生产生活、风土人情、传统习俗、文学艺术、价值观念。中国大运河是中华文明绵延永续的象征，展现出传统文化顽强不屈的生命力。

中国大运河既是北方政治中心与海上丝绸之路的连通渠道，也是陆上丝绸之路与海上丝绸之路在国内的主要连通渠道，它是促进南北、东西物资和文化交流的主干道。一方面，南北文化的交流、碰撞、融合，为沿线城镇区域文化的输出和发展奠定了基础；另一方面，中国大运河也是联系中国与世界的桥梁，促进了不同国度的物流、人际和外交。在隋朝、唐朝、宋朝的很长时期内，大运河的南端从明州港（宁波）、泉州通过海上丝绸之路通向海外诸国，西端则从洛阳西出通过"丝绸之路"通往中亚和欧洲。唐朝到清朝前期，日本、朝鲜、东南亚以及欧洲的客商和文化使者都经过大运河沿岸城市到达京城。元朝以后，大运河为东南亚诸国以及日本、朝鲜朝贡提供了路径。外来文化也通过大运河传入华夏。唐朝时的胡乐、胡舞、胡服，元朝时兴起的宗教文化景观，明代后期的西方自然科学等，都是通过运河传至中国。大运河以其博大的胸怀，不断包容、吸纳了京津、燕赵、齐鲁、中原、淮扬、吴越等各个区域、各种民族的各种文化，融汇漕运文化、船舶文化、水利文化、饮食文化、商业文化，进而形成了多元一体的大运河文化。

近年来，在中国经济崛起和中华传统文化保护与传承的背景之下，大运河文化的精神和价值凸显。"大运河文化带"也成为串联历史文化、区域文化、科技文化、经济文化和社会文化的综合载体和线性文化长廊。它积淀和见证了沿岸人民创造的物质财富和精神财富，汇聚了丰富的历史、社会、经济、科技、文化和民族风情，也凝聚着运河儿女开天辟地般伟大的创造精神。立足新时代，要以大运河文化保护、传承、利用为核心主旨，依据国家战略层面提出的大运河文化遗产"四梁八柱"的顶层设计构架，即文化遗产保护传承、河道水系治理管护、生态环境保护修复、文化和旅游融合发展4个专项规划，沿线省市的8个地方实施规划，明确各地的发展定位、空间布局、建设目标、主要任务，对大运河重新塑造和文化赋新，构建活力内生、智慧共享、驰名中外的"千年运河"。

第四节　大运河河北段概况

中国大运河是人类历史上里程最长、体量最大的人工运河。而河北段大运河是我国大运河的关键部分，大运河河北段上连京津，下接鲁豫，由北运河、南运河、卫运河、卫河及永济渠遗址组成，总长 537.1 千米，包括京杭大运河 497.1 千米（北运河、南运河、卫运河、卫河）、隋唐大运河 40 千米（永济渠遗址），涉及河北省廊坊、沧州、衡水、邢台、邯郸等 5 市，包括香河、青县、沧州市运河区、沧州市新华区、沧县、南皮、泊头、东光、吴桥、阜城、景县、故城、清河、临西、馆陶、大名、魏县等 17 个县（市、区），以及白洋淀—大清河流经雄安新区的安新、雄县、廊坊市的文安、霸州，共 21 个县（市、区）。由于燕赵地区独具特色的自然环境和人文环境，千年以来在历史长河中积淀了沿线丰富的文化遗产资源，为京津冀地区的区域发展起到了纽带作用。

一、大运河河北段分河段概况

（一）北运河

北运河是京杭大运河北端，属于海河的支流之一，干流通州区至天津也是京杭大运河的北段。历史称潞水，又有潞河、白河、沽河和外漕河之称，缘起北运河上游原分三支，西支温榆河，中支白河，东支潮河。作为北运河的起点，通州区古称潞州，故北运河潞州以下古称潞水，又其为漕运所经，故称北运河。北运河经北京通州杨洼闸进入廊坊市香河县境内，沿香河进入天津武清区，在天津大红桥汇入海河，干流全长 142.7 千米，支流有通惠河、凉水河、凤港减河、龙凤河。清以前，北运河在南北漕运中发挥重要作用，漕运功能消失后主要承担防洪和引滦输水任务。北运河廊坊段长 21.7 千米，流域面积 282 平方千米，涉及香河县的 9 个乡镇，自安平镇鲁家务村西北入境，经安平镇、淑阳镇、钳屯乡、五百户镇曲道南流，至五百户镇东双街村南出境。同时，北运河廊坊段现有三条减河（引河），即青龙湾减河（王家务引河）、凤港减河、牛牧屯引河，三座桥梁，即王家摆桥、安运桥、双街桥。北运河廊坊段的主要功能已经转变为以行洪、泄洪和灌溉为主。而大运河申遗的成功，为推进运河文化的保护、传承、利用及发展运河文化旅游带来了新的发展契机。

（二）南运河

南运河在隋、唐称永济渠，宋、元称御河，明、清称卫河，在明、清时期一直是南北交通运输的大动脉，至清末仍有一定漕运能力。漕运的繁华和南北文化、物资的融汇，给沿河城市带来了经济的繁盛，仅沧州段就有沧州码头、流河码头等十几处大小不等的码头、摆渡处。南接卫运河、鲁运河，原以山东临清为南起点，天津市海河三岔河口为北终点，与北运河相接，全长 436 千米。① 后在 1950 年扩建四女寺枢纽，开挖独流减河，后在 1978 年彻底断航，近年改造实现部分通航。当下起于四女寺枢纽，流经山东省德州市德城区、河北省故城、景县、阜城、吴桥、东光、泊头、南皮、沧县、沧州市新华区、沧州市运河区、青县等县市，止于天津市静海区独流镇的十一堡节制闸，河道全长 309 千米，其中河北省境内长度为 242 千米。从现代水利技术上划分，它属于海河水系中最长的一条河，主要由漳河及卫河两大支流组成。南运河德州段其经过人工开挖的蜿蜒性河道，呈半地上河，河道蜿蜒曲折，弯道明显。南运河在河北省内涉及衡水与沧州两地。

（三）卫运河

漳河、卫河于徐万仓汇流后至四女寺枢纽为卫运河，按京杭大运河的分段，它北接南运河，南接鲁运河。是河北、山东两省边界河道（左堤在河北省境内，右堤在山东境内），属海河流域漳卫南运河系，中华人民共和国成立

---

① 天津市地方志编纂委员会：《天津市志·自然地理志》，天津社会科学院出版社，2016，第 47 页。

后裁弯缩减至河道长 157 千米，流域面积 34362 平方千米，流经河北省馆陶、临西、清河、故城 4 县，到四女寺枢纽分流入漳卫新河和南运河。主要支流除了较大的卫河、漳河外，还包括有六五河、利民河、旧城河、六六河等众多河流。卫运河整体河道呈现类似于"盘绳"的状态，较为蜿蜒，整个河段弯道显著的地方多达 70 余处，历史上为常年通航河段。中华人民共和国成立后国家进行裁弯取直的治理，将原本为半地上河复式断面的卫运河河道进行了缩短，在 20 世纪 70 年代以后逐渐断航。卫运河的形式的时间跨度较长，河道变迁过程也比较复杂。卫运河与上游的卫河、下游的南运河曾统称卫河。它是由古代清河、屯氏河、白沟、永济渠演变而来的，并且与黄河的变迁有密切关系。卫运河因春秋属卫地而得名，在战国时称为清河或清水，汉代称屯氏河，曾是黄河故道。在东汉末年称白沟，隋唐时期为永济渠的一段，卫运河在宋元时称御河，元代开凿京杭大运河，其中会通河在临清入卫河，当时将会通河称漕河，将御河称卫河。明代仍沿用这一称谓。清代将临清至天津一段称南运河，临清以上称卫河。于 1958 年修建四女寺枢纽，将徐万仓至四女寺一段，称卫运河至今。

（四）卫河

因源于春秋时卫地而得名，其作为海河水系南运河的支流发源于太行山南麓，流经河南新乡、鹤壁、安阳、濮阳。卫河支流较为繁复，主要有大沙河、淇河、汤河、安阳河等十余条梳齿状山区支流，最终在馆陶县徐万仓与漳河汇流处合称漳卫河、卫运河。后流经山东临清，进入南运河河段，到天津流入海河，并在沧县南又挖成捷地减河，引洪水直接入海。卫河流域面积 15142 平方千米，干流长 321 千米，我省境内长 61.3 千米，流经魏县、大名。在河道特征方面，虽然支流众多，但分布十分不对称，河道右岸支流较少，左岸支流多。

（五）永济渠遗址

永济渠是隋唐运河的重要组成部分，在隋炀帝开通济渠、邗沟之后，又因为军事开拓边疆的需要，在一年之内便完成了通向征辽重要阵地涿郡的永济渠，从而在漕运、军队作战方面发挥巨大作用。在唐代它仍然是民生及军事补给的重要运输线路，对唐朝的农业影响较大，虽然在安史之乱中断漕路数十年，但在唐末时期仍然具备通航功能，不过重要交通位置慢慢被取代。北宋时期被称御河，因为与黄河并不相通，地位进一步下降。后在元代由于济州河、会通河、通惠河开凿，永济渠成了京杭大运河体系里的一员。明代御河改称卫河，永济渠的源头与河道也逐渐改变。现在大运河河北段发现多处永济渠遗址段落及节点，分别位于河北省邯郸市魏县、大名县及馆陶县，其中路线较明确的段落约 40 千米。

此外，国家《规划纲要》要求"实现雄安新区白洋淀与大运河连通"，河北省将"白洋淀—赵王新河—大清河—天津"纳入通水通航工作范围，但不属于大运河（"白洋淀—赵王新河—大清河—天津"水运航线长 60 千米，流经雄安新区安新县、雄县和廊坊市文安县、霸州市。其中，赵王新河：枣林庄枢纽—任庄子，治理长度 42 千米；大清河：任庄子—冀津界，治理长度 18 千米）。相关文化资源保护较好，非物质文化资源丰富。

二、各市运河概况及沿线运河资源简述

（一）廊坊

廊坊占据京津冀城市群的关键位置，地理位置优越，被誉为"京津走廊上的明珠"。其 10 个县与北京、天津交界，交通便利。凭借京津冀协同发展的政策推行，廊坊市整体得到了发展。纵观其历史，早在 4000 多年前，就已经有了"黄帝制天下以立万国始经安墟"，先后经历了春秋战国、秦、唐、辽和元等历史时期的发展建设，在 1974 年更名为廊坊，后在 1989 年正式设市。

廊坊段大运河河道可以追溯到隋代为军事需要开凿的永济渠的一部分，元代通惠河开凿后，就成为进京的必然之路，到明代永济渠的源头与河道也逐渐改变。20 世纪 70 年代以后，运河河道的功能虽已改变，但古代漕运河道的形态保存较为完整。

廊坊市地处海河流域，水系比较发达，廊坊段大运河属于北运河水系。廊坊段大运河的涉及范围被分为两个部分：北运河香河段和大清河赵王新河段。北运河香河段河道全长 21.7 千米，以北京和河北的交界处为起点，终于河北

天津两地交界处，流经廊坊市香河县全境。北运河原是香河县王家摆乡乔庄西北入境，向南流动，并在乔庄西北转为东西向，后在王指挥庄村北转为西南东北向。20世纪70年代，北运河截弯取直，从北京市通县杨洼至香河县鲁家务开挖新河，运河在鲁家务村西北转为东西向，村东北转为南北向，再西北东南向，村东转为东北西南向，将北运河、潮白河相连，河口在村东偏北，曲折蜿蜒，在东双街村西南出香河境。大清河赵王新河段从白洋淀流入文安与霸州两地境内，经过赵王新渠和东淀后，经海河干流入海。在水利技术方面，廊坊段大运河现有三条减河（引河）：青龙湾减河（王家务引河）、凤港减河、牛牧屯引河。三座桥梁：王家摆桥、安运桥、双街桥。作为全国重点文物保护单位的香河红庙村金门闸是水利技术的杰出代表。清雍正七年兴建青龙湾滚水石坝，乾隆二年在原坝上游约2千米处（现址）改建，时称"金门闸"。后在1925年于清代基础上进行重修，金门闸遗址是青龙湾减河上节制北运河河水的重要历史留存。当下廊坊段大运河在运河文化带建设上已经实现了北运河廊坊段的旅游通航，其中在香河段沿线由北向南依次排列着鲁家务码头、香河中心码头、王家摆码头、安运码头、金门闸码头，串起了香河大运河文化公园，并打造了"四大景区""十大景区"、运河"新八景"。

廊坊段运河沿线文化遗产有全国重点文物保护单位2处（香河县红庙村金门闸、北运河）、国家级非物质文化遗产1处（香河安头屯中幡）、省级非物质文化遗产4处（香河西南街音乐会、香河大河各庄竹马会、通臂拳、烧蓝技艺）。尤其安头屯中幡起源于隋唐，有着悠久的历史。源于在北运河航运过程中，当时帆用在船上增加航速、调整航向的帆，后来被用在民间玩耍，在玩耍中逐渐发展出各种花样和手法。目前，安头屯中幡已形成成熟的中幡表演动作100多个。

当下廊坊市在运河建设上建树颇多，成立了香河大运河文化研究会，对香河运河沿线的运河人文资源进行整理；确立了"京畿首驿 如意香河"的最新旅游形象定位，打造北运河文化旅游带。廊坊市积极推进大运河文化带建设，通过相关专项资金对金门闸遗址和安头屯中幡非物质文化遗产进行保护，并制定相关法律文件对各类遗址遗产项目进行系统保护. 并积极与北京、天津开展多项例如"2022京津冀（通武廊）文化旅游交流季""骑游尽享大运河，乐活城市副中心"为主题的骑行活动等，着力继续挖掘当地遗产资源，打造当地旅游文化带，推进大运河文化建设。

（二）沧州

沧州是大运河流经里程最长的一座城市。大运河沧州段属于南运河，南起吴桥县第六屯村（冀鲁界），北至青县李又屯村（津冀界），流经吴桥、东光、南皮、泊头、沧县、运河区、新华区、青县8个县（市、区），河道全长216千米，相当于京杭大运河全长的近1/7。运河沧州段最早开凿于三国时期，为曹魏平虏渠，隋代在此基础上进行疏浚，开挖了永济渠，永济渠便是沧州运河最具规模的一段，唐宋元时期称这段河道为御河，明代称卫河，清代以后称为南运河。沧州城依运河而兴旺昌盛，为南北往来要冲、水旱两路的咽喉，当年两岸商贾云集。如今在市区段运河以东，依然有许多街道延续使用着当年的命名：锅市街、缸市街、鸡市街、钱铺街、书铺街等。

大运河南运河段自隋代贯通至明清，始终是国家的交通命脉，明、清两代每年都有约400万石漕粮途经沧州运至北京，其中最著名的就是长芦盐运。沧州自古就是重要的盐产中心和盐运总汇之区，早在西周时期就有鱼盐之利，春秋战国时期更是以产盐著称。西汉时，在章武（今黄骅境内）设盐官，汉以后沧州盐业发达。因沧州盐业影响日益扩大，隋开皇十八年（598年）改高城县为盐山县，后又于此设东盐州。入宋以后，沧州成为宋政权所控制的六大海盐产区之一，盐业仍呈增长趋势。元统一后，大规模扩展长芦盐产。明初，置长芦都转运盐使司（简称长芦盐运司），下辖二分司，南曰沧州分司、北曰青州（今青县）分司，这是长芦盐区场数最多、规模最大的时期。

唐宋制瓷业空前繁荣，窑厂数量达到历史巅峰，日用瓷、陈设瓷遍布各个角落。唐宋时期饮茶斗茶之风兴起，与之相匹配陶瓷业创烧出很多新鲜花色品种。由于大运河独特的地理环境及其沟通南北五大河流的枢纽地带，使全社会的人流、物流得以畅通，也为瓷器打开了销路，销售量的增加又刺激了制瓷业的发展。运河河道及沿线遗址出土了大量不同时期的瓷片，既有北方磁州窑、定窑、邢窑产品，又有南方龙泉窑、建窑等窗口瓷器。陶瓷品种多、数量多、窑口多是运河瓷的一大特色。沿运河北上或南下的既有专供统治阶级的官窑，也有百姓日常使用的畅销瓷，还有远销海外的外销瓷。一些瓷器会因为水患、战乱、事故等存留在运河内，也有被沿岸百姓当作垃圾丢弃的。

　　大运河沧州段拥有全国重点文物保护单位7处（捷地分洪设施、连镇谢家坝、南运河沧州段—衡水段、沧州旧城、泊头清真寺、马厂炮台、海丰镇遗址）、省级文物保护单位5处（正泰茶庄、青县铁路给水所、清真北大寺、孙福友故居、沧州文庙）、国家级非物质文化遗产10处（吴桥杂技、沧州武术、青县哈哈腔、劈挂拳、燕青拳、沧县狮舞、木板大鼓、生铁冶铸技艺、泊头六合拳、沧州落子）、省级非物质文化遗产59处，吴桥杂技与沧州武术驰名中外。

　　沧州大运河文化带建设近年来取得了不少成绩，立足沧州特色，运河沧州段沿线各县（市、区）共建成54个各类大中小公园、游园，例如市区建设园博园、百狮园、大运河湾生态公园、沧州铁狮与旧城遗址公园，实实在在地宣传了运河文化（如图1-26）。地方企事业单位、高校进行文化讲座交流，各类有关运河文化的艺术类比赛层出不穷，非遗传承保护工作开展得如火如荼、搭建各类运河文化数字建设平台、建设旅游文化景区（如图1-27）等。

图 1-26　沧州铁狮与旧城遗址公园

图 1-27　黄骅港金沙滩

（三）衡水

衡水市地理位置较好，东部临近沧州市和山东省德州市，西部与石家庄市、辛集市接壤，南部临近邢台市，北部临近保定市。

大运河衡水段原为漳河故渎，也为黄河故道，九河下梢，河汊众多，后经历代人工开凿，逐渐演变形成。秦汉以前称定王河，汉代称屯氏河、屯氏别河，也称清河。大运河景县段开挖于隋大业四年（608 年），通航于隋大业七年（611 年）。直至中华人民共和国成立初期，大运河景县段长达 1367 年一直承担着繁重的航运任务。直到 1978 年，由于水源缺乏，大运河景县段中断船运至今。大运河故城段，属漳卫南运河系，也叫卫运河，是典型的复式断面蜿蜒形半地上河，全长 75.1 千米，为大运河流经县域最长河段。阜城段在南运河的西岸，沿线 20 余个村庄，有众多文化遗产。大运河流经衡水故城、景县、阜城三县，重点河段在阜城霞口镇、码头镇，景县安陵镇，故城郑口镇和建国镇，最后在阜城张华村北入沧州境，境内大运河由南运河衡水段、卫运河故城段组成，全长 179 千米，其中南运河衡水段全长 117 千米（南运河部分河段为衡水景县与沧州吴桥县界河，左堤在景县境内，右堤在吴桥境内，运河长度重复计算约 90.8 千米），卫运河故城段全长 62 千米。

衡水段大运河拥有全国重点文物保护单位 3 处（南运河沧州段—衡水段

景县华家口夯土险工、开福寺舍利塔、故城县郑口挑水坝），省级重点文物保护单位1处（故城县十二里庄教堂）、省级非物质文化遗产10处，景县华家口夯土险工被列为世界文化遗产之一。还有郑口山西会馆遗址，头屯村黄窑遗址，建国卫运河遗址，阜城县码头运河遗址、霞口扬水站、戈家坟引水闸等重要文物遗存。

郑口挑水坝处于故城县郑口镇郑口大桥西侧，此坝的修建源于缓解水流的冲击，以免郑家口渡口的水岸决堤。运河流经故城县郑口镇时，出现一处长约2.5千米、呈U字型的大拐弯，因这里有着丰富的物质文化遗产和非物质文化遗产，故号称"运河第一湾"。现存郑口挑水坝共有6处，都是在明、清险工基础上重修的，这6个挑水坝呈倒U形分布在河堤内侧，挑水坝的平面图主要呈现长方形、梯形或者菱形，分层建筑材料主要有毛石、青砖、红机砖。中华人民共和国成立后，进行了多次维修，对于研究中国近代水利技术工程提供实物资料（如图1-28）。

图1-28 沧州博物馆郑口挑水坝

华家口夯土险工属于南运河左岸景县安陵镇华家口村，当地俗称华家口夯土坝。2014年列入大运河世界文化遗产，同时也是全国重点文物保护单位。此坝修建以来对于防御洪水起到了重要作用，是南运河河北段仅存的两处夯土坝之一（另一处为沧州谢家坝）。清宣统三年（1911年），时任知县王为仁主持华家口夯土险工修建，采用基础钉锚柏木打桩，然后利用黄土、白灰加糯米浆夯逐层夯筑而成的典型的"糯米大坝'，下部为毛石垫层，南北走向，现存坝体长255米，顶宽13米，呈梯形，全段高程5.8米至6.7米不等。虽历经多次大洪水的侵袭，主体结构仍然留存了大部分，充分体现了清代夯筑防水技术施工工艺的科学性（如图 1-29）。

图 1-29　沧州博物馆华家口夯土险工

衡水段大运河沿线三个地区在以上遗址之外还孕育了多项非物质文化遗产资源，例如故城运河传统架鼓、甘陵春酒酿造技艺、龙凤贡面手工制作技艺、武官寨羊肉大饼制作工艺，阜城剪纸，景县铜胎画珐琅技艺、布雕画、糖画等。

这些非遗资源不仅展现了中国传统民俗文化的魅力，也彰显着运河文化底蕴的积淀，不仅激发了当地旅游企业的经济，也展现了非遗传承人对传统文化的创作热情。

衡水市目前因地制宜利用自身的遗产优势进行景观、场馆规划建设，利用好文化和旅游因素，推进文旅融合发展，构建全域文化旅游产业发展大格局。例如故城董学园、运河风情公园的出现就是依托大运河文脉和董子文脉，并为当地青少年开展丰富多彩的研学课程，围绕大运河文化带建设，传承运河底蕴，传播中华传统文化。

（四）邢台

邢台市位于河北省南部，西依太行山，东临大运河，北通幽燕，南望中原，是华北地区重要的中心城市之一。地势东低西高，东部为平原区，西部为丘陵区和山地。邢台名字由来是由于后世邢人为了纪念当年黄帝在邢台轩辕之丘的凿井筑邑之德，合井、邑二字为一字，即为"邢"。作为仰韶文化发源地之一，邢台是河北省最古老的城市，至今有 3500 年的文明史。

大运河出衡水向南，进入邢台境内。邢台市境内大运河自临西尖冢流入，沿临西、清河两县边界北去，于清河渡口驿出境，是冀鲁两省的边境河流，境内长 58.1 千米，河道平均宽度在 6000－1200 米。大运河邢台临西、清河段也属于卫运河的一部分。京杭大运河和隋唐大运河在清河交汇，从历史角度分析，隋朝开凿大运河时的永济渠与现存京杭大运河卫河河段曾流经清河县境内。清代胡渭记录地理面貌以及历代的变迁的《禹贡锥指》卷十三下说："永济渠，即古之清河。

临西位于邢台市东部，北接清河县，南濒邯郸馆陶县、冠县，西接邯郸邱县，东临山东临清，地理位置较好，1964 年析临清（临近清水河也就是古卫河而得名）县卫运河以西 5 个区设临西县，以处临清县（今临清市）西得名。隋唐大运河临西县境内的从最北端的郑楼村入境，向南依次流经黄夏庄、宁庄、吕寨、石佛寺、后堤口、龙旺、仓上、赵樊村、郝庄、龙潭、蔡辛庄、乔屯、尖冢等村庄，沿线共涉及吕寨、临西、赵樊村及尖冢等 4 个乡镇、20 多个村庄。

清河县古称青阳，2019、2011 年都有考古人员对清河段古河道进行大规模勘察，总体西南东北流向，河身宽窄不一，深度处在 6 至 9 米之间不等。古河道大体上由威县太阳庙、刘村入清河境，经王洼、秦洼、杨家庄、田村、西王官庄、马厂、菜园、韩村、城后村等 16 处村落，北沿清凉江一线入故城境。贾庄、韩村至西关村之间呈大片水域状，应是贝州码头所在地，贝州古城在历史上占据经济发展、文化交流、军事运输的重要地位，后因为黄河水患被埋。

大运河邢台段明清运河与隋唐故道并存，遗产资源多样，文化底蕴深厚，拥有全国重点文物保护单位 4 处（清河县朱唐口险工、清河县油坊码头遗址及险工、贝州故城遗址、临清古城遗址）、省级文物保护单位 1 处（八里圈清真寺）、省级非物质文化遗产 6 处。还有临西的古堤、净域寺、龙潭寺遗址、尖冢遗址、贡砖官窑，清河明代清河城遗址、隆兴寺、冢子村古墓等大量重要历史文物古迹。其中位于清河县朱唐口村村北卫运河左岸的朱唐口险工，是全国重点文物保护单位。它自清末始建，记录了近现代险工技术的发展过程，在险工的具体材质选择上出现 4 种不同的变化，代表了自 20 世纪初至 90

年代不同历史时期险工不同的形式及施工方法。代表性位于邢台市清河县油坊镇卫运河西岸的油坊码头遗址及险工作为清河境内卫运河上一处重要水陆码头。在几百年来的历史发展中，南北货物流由此运转各地，带动了当地经济的发展和文化交流。此码头不但兼具险工的功能，而且作为京杭大运河卫运河段保存较好、较完整的码头遗址，为大运河的综合研究提供了重要的实物资料，展示深厚的历史文化内涵。

邢台段大运河沿岸的非物质文化遗产包括临清潭腿（中国武术"南拳北腿"中的北腿），以花腔见长、表演形式热闹的临西乱弹，临西县手工挂面制作技艺，清河张氏文化、武松文化、清河曦阳掌太平拳、清河木板书等多项非遗。

邢台清河县近年来致力于打造多功能大运河综合文化长廊，将清河历史文化与观光旅游、交通运输结合，重点突出险工与码头之间的核心关键区域，打造特色景观节点。临西主要对历史遗址进行挖掘勘察与修复，并建立相关文化场馆宣传运河文化，致力于非物质文化遗产价值的挖掘，通过文旅融合方式对文化进行宣扬。

（五）邯郸

邯郸市位于河北省南端，西边为太行山脉，东面接华北平原，地名源于邯郸山。紧邻郑州、太原、石家庄和济南等省会城市，并且与四地的距离都在 200 千米左右，与北京、天津路程较近，并环绕三大经济圈，与环渤海、长三角和珠三角经济圈相邻，地理位置优越。邯郸春秋时先属卫，后归晋，在战国时期属于赵国都城，属于当时的大城市，是北方的文化、政治和经济中心。邯郸作为"国家历史文化名城""中国成语典故之都"几千年来沉淀了深厚文化底蕴，不仅有荀子、公孙龙等著名大师，还有廉颇、蔺相如等英雄人物。

邯郸是中国古代运河肇始地之一，大运河邯郸段由邢台临西县进入邯郸市，流经邯郸东南部的魏县、大名县、馆陶等地，邯郸大运河历史上更名较多，东汉末期称白沟，隋唐时期以永济渠、御水、淇水互称，宋金元时期多称御河，明清时期称卫河，延续的邯郸运河文化，跨越时空较长、流经地域较广、遗存资源丰富。境内大运河全长 156.4 千米，其中卫河邯郸段全长

76.4千米，卫运河邯郸段全长40千米，永济渠邯郸段遗址（隋唐大运河）线路较明确的段落约40千米。

魏县境内运河主要涉及张二庄镇、回隆镇、北皋镇等地。大名境内的大运河通过相关资料和现存河道的研究，自三国时起在历史上几乎流经了大名县全域。但就当下现存河道主要涉及两个地方：龙王庙北张村—营镇北周庄村的卫河段区、营镇乡周庄村—西未庄乡王军庄村的漳河段区。大名在隋唐称魏州，其河段属隋唐大运河永济渠段区。从河南洛阳流经河北魏县进入大名西南的铺上乡向北穿过大名黄金堤乡进入馆陶县，一直发挥主航线的作用。宋金时期，通过西渠引入大名西部的御河（此时永济渠更名为御河），穿过故城后至东北到达营镇乡进入馆陶县，原航线更改。元时期由于御河地位下降，大名境内运河地位随之改变。后从明清时期开始直到民国，由于河水的泛滥，流线又经几次改变，比之元朝时期，这期间还出现过一度繁荣的景象。馆陶县徐万仓村作为漳卫合流处，历史上多次改道，但"因河而兴"的馆陶自从汉初至今两千多年来县名一直沿用，沿线留下古河道、古码头、古桥、古寺庙、古驿站、古瓷器等被称为"十五古"的文物遗存。

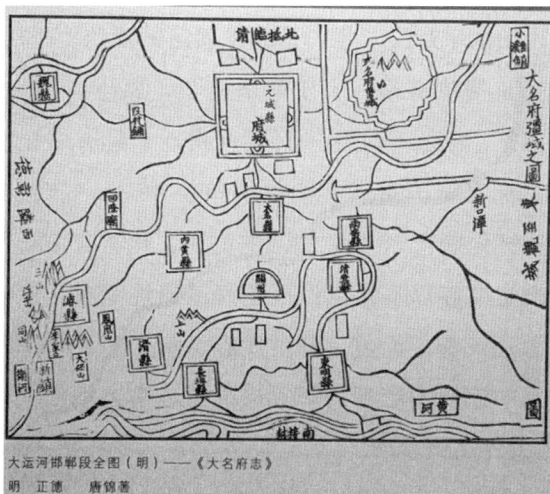

图 1-30　沧州博物馆大运河邯郸段全图（明）

邯郸段大运河沿河记载相关信息的碑刻较多，邯郸市文物局在2012年初进行全面调查研究，共统计出时间跨度较长的唐代至五代时期、明代、清代及民国时期的碑刻，包括墓志19盒（方），冀碑6通，古建筑15通，人物4通，其他2通，这些研究成果最终汇编成了《邯郸运河碑刻》，为研究大运河文化提供了有力支撑。邯郸段大运河拥有全国重点文物保护单位 3 处（邺城遗址、大名府故城、大名天主堂）、省级文物保护单位 2 处（大名古城墙、沙圪塔诚碑）、国家级非物质文化遗产 5 处（馆陶冀南四股弦、魏县冀南四股弦、魏县传统棉纺织技艺、大名草编、大名小磨香油传统制作技艺）、省级非物质文化遗产 21 处，魏县土纺织技艺、大名县大名草编享誉河北。

由于邯郸历史文化底蕴深厚，故可挖掘的运河文化旅游资源众多。各类公园依托当地历史遗迹和自然风景打造游览路线，馆陶县公主湖湿地公园就依托多样湿地资源与馆陶历史文化结合，提升馆陶县的旅游知名度。还有大名石刻博物馆、大名博物馆综合展馆的让人全面了解大名文化，明清古城城墙修复、城周边主要街道逐渐修缮，再现历史遗迹风采。魏县多项非遗手工技艺通过新闻媒体向全国展示等一系列措施，不断深入研究、挖掘、整合运河文化资源。

三、运河沿线的文化资源保护工作

大运河河北段始凿于东汉末年，是北方运河的肇始，经历代疏浚、整治，整体保存完好，遗址类型齐全，人工弯道密集，原生态景观风貌样态真实，将京津、燕赵、齐鲁、中原等文化进行融会贯通，具有多元性，从而使大运河独具北方特色。拥有全国重点文物保护单位 19 处，省级文物保护单位 9 处、国家级非物质文化遗产 16 处，省级非物质文化遗产 100 处。

大运河河北段主要有以下特点：一是河道遗址完整，价值特色鲜明。大运河河北段历史源远流长，河道、分洪设施、险工、水闸、码头及沉船点遗址等遗产丰富，其中连镇谢家坝、华家口险工、南运河沧州—衡水—德州段"两点一段"列入世界文化遗产。

二是景观自然古朴，功能持续发挥。大运河河北段人为破坏较少，堤防体系完整，河道样态真实，保持了古代漕运时期河道的规模与形态，是大运河中河道样态中最为真实、原生态风貌保持最为完整的河段，目前在防洪排涝、输水供水、生态景观、农业灌溉等方面仍发挥着重要作用。

三是遗产资源丰富，文化底蕴深厚。大运河河北段沿线历史文化遗存丰富，具有深厚的历史文化内涵、较高艺术研究价值和科学参考价值。沿线非物质文化遗产独具特色、丰富多样，尤其沧州吴桥杂技艺人沿大运河走出家乡，北上南下，远涉重洋闯世界，享誉国际。

四是区位优势明显，综合发展潜力巨大。大运河河北段沿线区域，向北通过北京与东北亚丝绸之路连接，向东通过天津和沧州黄骅与海上丝绸之路连接，向西与雄安新区连接，是河北省对接"一带一路"的重要端口，是连接京津冀协同发展的重要纽带，是雄安新区建设的重要支点。

在 2022 年 6 月 1 日，《河北省大运河文化遗产保护利用条例》正式实施，这是继浙江之后第二个出台的省级法规。对沿线资源进行传承保护，让大运河实现通水通航，让文旅融合项目建设加快推进，使大运河文化保护传承利用社会氛围日趋浓厚，各类工程项目顺利实施。

大运河沿线的非物质文化遗产

第一节　大运河沿线非物质文化遗产的界定与分类

非物质文化遗产是文化的重要组成部分，它们具有一些共同特征，如文化知识积淀深厚、历史传承性较好、创作形式多样、地域特色明显等；但非遗更多讲求的是"活态"传承，需要有人的参与性，且在当下的信息时代中它自身也因为原有生存条件的改变变得极为脆弱。非物质文化遗产是国家、地区、民族的特征体现，经过漫长历史变迁、文化积淀，给予当下社会大量且多样的精神财富和文化储备来源，构成特定人群的一种文化身份标识，对文化自觉传承和文化自信建设具有重要意义。非物质文化遗产是一个国家和民族历史文化成就的重要标志，对于研究文明的演进具有重要参考价值，对于世界文化多样性展现形式具有独特作用，一个国家或地区的非物质文化遗产在一定程度上应当属于整个人类共同的文化财富。

一、大运河沿线非物质文化遗产的界定

非物质文化遗产属于世界文化遗产中的重要组成部分，指的是那些以非物质的形态存在，与民众生活联系密切，并经过长期而有效的传承，至今依然存在并还将延续下去的文化表现形式。[1] 2003 年联合国教科文组织颁布《保护非物质文化遗产公约》，其中对非物质文化遗产给出了解释：是指被各社区、群体，有时是个人，视为其文化遗产组成部分的各种社会实践、观念表述、表现形式、知识、技能以及相关的工具、实物、手工艺品和文化场所。非物质文化遗产需要世代相传才能存活，在一些特定群体或各社区中，不断地与环境相协调，不断地尝试与自然和历史的互动，被进行再设计和再创造，

---

[1]荀德麟、刘志平、李想、贾新：《京杭大运河非物质文化遗产》，电子工业出版社，2014，序第1页。

为这些特定的群体和社区民众提供持续感和认同感，使得人类的创造力得以不断实践，文化的多样性被持续尊重。该项公约考虑到符合现有的国际人权文件，通常是适应各社区、群体和个人之间相互尊重的需要和顺应可持续发展的非物质文化遗产种类。非物质文化遗产是一种以人为本的、活态的、永续变化中的文化遗产，人类所包含的娴熟技能、创新精神等独特工艺元素在遗产传承中所起到主导性和变革性作用。

2011年，为了继承和弘扬中华优秀传统文化，促进社会主义精神文明建设，加强非物质文化遗产保护、保存工作，制定和公布了《中华人民共和国非物质文化遗产法》。该法对"非物质文化遗产"的概念也进行了符合中国文化特色的界定，非物质文化遗产是指各族人民世代相传并视为其文化遗产组成部分的各种传统文化表现形式，以及与传统文化表现形式相关的实物和场所。包括：（1）传统口头文学以及作为其载体的语言；（2）传统美术、书法、音乐、舞蹈、戏剧、曲艺和杂技；（3）传统技艺、医药和历法；（4）传统礼仪、节庆等民俗；（5）传统体育和游艺；（6）其他非物质文化遗产。此外，属于非物质文化遗产组成部分的实物和场所，凡属文物的，适用《中华人民共和国文物保护法》的有关规定。①

从2014年6月中国大运河申遗成功后，国家多项政策文件支持大运河文化多角度发展。2019年中央办公厅、国务院办公厅印发《大运河文化保护传承利用规划纲要》，提出大运河建设工作要从强化文化遗产保护传承、推动文化和旅游融合发展、促进城乡区域统筹协调、创新保护传承利用机制等方面着手。2020年10月党的十九届五中全会通过的《中共中央关于制定国民经济和社会发展第十四个五年规划和二〇三五年远景目标的建议》，提出要"建设长城、大运河、长征、黄河等国家文化公园"。2021年，文化和旅游部将扎实推进长城、大运河、长征、黄河国家文化公园建设。大运河沿线非物质文化遗产众多，是大运河文化遗产的重要组成部分。习近平总书记强调：大运河是流动的文化，要统筹好、保护好、传承好、利用好，古为今用，深入挖掘以大运河为核心的历史文化资源。

大运河作为我国珍贵的文化遗产廊道，文化资源十分丰富，大运河沿线不仅留下了各式各样的物质文化遗产，也包含了内涵深厚、外延广阔的非物

---

①《中华人民共和国非物质文化遗产法》第2条规定。

质文化遗产。其中蕴含的各类文化遗产具有活态性、线性的、永续变化的特殊性等。对于大运河非物质文化遗产，应进行科学、高效、合理的保护传承和利用，必须对遗产的具体内容进行明确界定、科学甄别和系统整理。

目前学术界对于"大运河非遗"的概念、"大运河非遗"的内涵和外延等基本理论还没有形成完全一致的看法。多数学者认为，大运河非遗应该是与大运河本体有着直接或间接关系的非物质文化遗产，主要包括与大运河的形成、运河漕运、运河生活等相关的民间文学、表演艺术、传统手工技艺、传统仪式与节日与庆典、生产生活经验等传统文化范畴。学者们对这一概念的界定大多较为宽泛。一些学者以地理视角划分，将大运河沿线区域的非遗都视为大运河非遗，例如，顾希佳认为，广义上的大运河非遗包括在运河流域的民众中世代相承的、与这一带群众的生活密切相关的各种传统文化表现形式；① 一些学者认为大运河非遗必须与运河特有的生产生活方式相关，例如李永乐、杜文娟提出，那些由大运河生产、生活方式孕育而产生，其内容反映大运河生产、生活方式，或者其形成、传播依赖于运河环境的，可以界定为大运河非遗。②

再进一步来探讨，"运河沿线区域"并不能单纯理解为精准的地理空间范畴，而是一个特定的文化生态圈。大运河非遗并不等同于大运河流经地区内的所有非遗项目，但也不限于由运河所直接派生的非遗项目。界定大运河非遗的关键不是不能完全以地理位置为依据，而在于通过非遗所形成和发展的历史和文化背景，及其与运河生态、运河功能、运河人群等方面的关联性去判断。大运河非遗有着特定的时空特点和文化属性。

首先，是非物质文化遗产形成和表现的时空属性的界定。人类生存的空间和时间，区别于自然状态意义上的空间和时间，关键点在于人类的文化活动对空间和时间有所改变。经过人的参与、改造、影响，自然界的空间和时间被赋予了很多内涵和意义。比较典型的是经由人的各种文化活动的改造，形成在特定的文化时空之下的某些文化表现形式，祭祀性空间即为文化活动的典型代表。例如，在我国东南沿海地区和大运河流经的很多地区都有对妈

① 顾希佳：《杭州运河非物质文化遗产》，杭州出版社，2013，前言第 2 页。
② 李永乐、杜文娟：《申遗视野下运河非物质文化遗产价值及其旅游开发——以大运河江苏段为例》，《中国名城》2011 年第 10 期。

祖的崇奉和信仰，各地的妈祖庙、天后宫屡见不鲜，显示了妈祖文化和精神力量对以水为生的人们的强大感召力；又如以时间性为主导的文化表现形式，以中国的传统节日为典型，春节、清明节、端午节、中秋节等重要节点以时序为特征贯穿了中国人的生活进程；再如，同时体现时间和空间双重作用的文化表现形式，以大运河北京通州段的"开漕节"及沿线杭州蒋村龙舟盛会民俗活动为典型。由此可见，文化的时空属性是非物质文化遗产的重要表征。

其次，由于考虑到各种非物质文化遗产的发展演变与大运河的联系程度并非完全一致，本书没有把大运河沿线区域的所有非物质文化遗产都划归到大运河非遗名下，也没有强加"非大运河区域直接产生不可"的限制。本书选取的非物质文化遗产都与大运河有着直接或间接的关联，它们的形成、演变、传承与发展，与运河的形成与演变有着外在或内在的必然联系。荀德麟等在《京杭大运河非物质文化遗产》中将大运河沿线的非物质文化遗产归纳为六大类，其中也较为全面地涵盖了运河沿线的非遗项目，给了本书很大启发。①

第一，大运河本体建设中的水工智慧。与大运河筑造和发展直接相关的非物质遗产，通常是在运河建设过程中形成、完善、改造或再设计的水工工程技艺等，水工营造技术工艺上运河各段依据地理情况所用的河道处理技术；运河堤坝的各类闸口引水、分洪、泄洪的设计工艺，以及运河开凿、修缮、除淤过程中的勘测与度量技艺。

第二，大运河运输、运转中功能性非物质遗产。这一类是与大运河的基础性、原生性功能直接相关的非物质遗产，例如在漕运、行船过程中形成的相关传统技艺，不同需求下航程中各种船只的传统且巧妙的制造技艺，沿线粮仓等建筑的营造和维护技艺，大型货运船只的转运技艺，漕船行驶、船舶过闸等传统技艺。

第三，民俗类非遗。民俗泛指在一个国家或民族中广大民众所创造、享用和传承的生活文化。在生产、生活、民俗信仰、传统节庆等日常生活中萌发且演变为多种形式。它以大运河沿岸生活为依托，由此派生的口述、口头表达等方面的文化遗产，例如关于大运河的各类典故和传说，民间歌谣、童

①荀德麟、刘志平、李想、贾新：《京杭大运河非物质文化遗产》，电子工业出版社，2014，序第2页。

谣等；运河船工、纤夫等劳动人民自发创作的船工号子；由大运河的助推所产生的各类民俗、节庆、社会风尚；由大运河的流通而形成的典型方言等。

第四，在大运河沿线地区形成、发展、传播了丰富的表演艺术，涵盖了传统曲艺、传统戏剧、传统舞蹈等多种艺术形式。如曲艺中的京韵大鼓、相声、山东快书、苏州评弹、扬州弹词等；传统戏剧中的京剧、昆曲、扬剧、淮剧等；传统音乐中的丝竹乐器艺术、唢呐艺术、锣鼓艺术等；传统舞蹈中的金湖秧歌、火龙舞、淳安竹马、落子舞等 。

第五，传统技艺类非遗。传统技艺类非遗是非物质文化遗产中的一大类。由于大运河沿线地区的经济发展、商贸往来频繁而助推产生的传统技艺。传统技艺是以手工劳动为基础的技艺表现形式，有别于现代工业化机器产物的标准性、单一性，传统手工技艺种类、数量繁多，个个都是独一无二的精品。如北京景泰蓝制作技艺、泊头铸造工艺、扬州漆器髹饰技艺、龙泉青瓷烧制技艺、湖笔制作技艺、碧螺春等名茶加工制作技艺、北京烤鸭等美食制作技艺等。

第六，传统体育、游艺与杂技类。传统体育是在中国传统的健身和娱乐活动中发展起来的体育活动；游艺是以娱乐休闲为目的的民间艺能表演；杂技亦称"杂伎"，属于古老表演艺术，是一项身体技能。在大运河沿线地区形成发展或传播交流的传统体育、游艺与杂技类非遗，如沧州武术、临清武术、吴桥杂技、聊城杂技、杂技口技、传统戏法，以及其他典型的中华传统体育与游艺项目。

上述所指的大运河沿线的非物质文化遗产，形成、发展、演变、传播、传承等活动都与大运河存在必然联系，有着直接或间接影响。在空间分布、形成机制、文化意义等层面体现了运河文化的独有魅力。

二、大运河沿线非物质文化遗产分类

联合国教科文组织颁布的《保护非物质文化遗产公约》中，倡导各缔约国应当根据各自国情拟订非物质文化遗产清单。我国始终重视文化遗产的保护和传承工作，按照《公约》的意见，履行《公约》缔约国义务，建立了国家级非物质文化遗产名录，这是我国文化事业的一项重要举措。国家级非物质文化遗产代表性项目名录分类严谨、展示全面，是由文化和旅游部确定、经中华人民共和国国务院批准并公布的非物质文化遗产名录。2014 年，根据《中华人民共和国非物质文化遗产法》的表述，原先的"国家级非物质文化遗产名录"被国务院调整为"国家级非物质文化遗产代表性项目名录"，更为科学严谨。该名录体现了中华民族对优秀传统文化的重视和保护态度，那些具有重大历史、文学、艺术、科学价值的非物质文化遗产项目被列入代表性名录并予以保护。《国家级非物质文化遗产代表性项目名录》中，包括民间文学、传统音乐、传统舞蹈、传统戏剧、曲艺、传统体育游艺与杂技、传统美术、传统技艺、传统医药、民俗，共十个大类，每一类代表性项目分别设置专属的项目编号。

国务院于 2006 年、2008 年、2011 年、2014 年和 2021 年先后公布了五批国家级项目名录（前三批名称为"国家级非物质文化遗产名录"，2014 年《中华人民共和国非物质文化遗产法》实施后，第四、五批名录名称被调整为"国家级非物质文化遗产代表性项目名录"）。经统计，截至 2023 年 3 月 17 日，我国共认定国家级非物质文化遗产代表性项目名录共 1557 项，其中涉及 3610 个子项目，数量可观。因长久以来，往往不同区域或不同社区、群体拥有同一种非物质文化遗产项目，对此需进行进一步确认和精细整理，所以从第二批国家级项目开始，设立了扩展项目名录。这些扩展项目与此前已列入国家级非物质文化遗产名录的同名项目共用一个项目编号，但项目特征、传承情况存在某些差异，持有地区或保护单位也不相同。

依据国家对非物质文化遗产的划分标注、国家级非物质文化遗产代表性项目名录，对大运河所流经的省做如下汇总：

表 2-1　大运河沿线各省国家级非物质文化遗产类型数量分布

数量 \ 城市 \ 类型	北京	天津	河北	山东	河南	安徽	江苏	浙江
民间文学	8	1	5	27	10	5	11	24
传统音乐	4	5	23	18	13	9	21	15
传统舞蹈	9	1	11	13	10	10	9	18

城市 数量 类型	北京	天津	河北	山东	河南	安徽	江苏	浙江
传统戏剧	5	4	36	33	29	25	22	25
曲艺	7	7	9	13	5	2	10	28
传统体育、游艺与杂技	12	8	24	15	10	4	2	12
传统美术	18	3	15	28	14	9	31	30
传统技艺	41	8	21	19	14	25	38	54
传统医药	9	8	4	6	6	3	6	12
民俗	7	2	14	14	14	7	11	39

第二节　大运河沿线非物质文化遗产的传承现状、问题及对策

中国大运河见证了历史的沧桑巨变和文明的演进过程，孕育了沿线区域极为丰富的文化遗产。在大运河申遗成功之后，我国对大运河非遗保护问题更加重视，沿线各地积极部署、实施非遗保护传承与利用等方面的工作，在保护理念、传承机制、利用方式等方面不断取得成果。但是，因为大运河沿线文化资源和遗产的类型和数量众多且分散，所以各类文化遗产的保护、传承与利用工作具有较强的复杂性和特殊性，是一项系统工程。与物质文化遗产的保护工作相比，当前大运河非物质文化遗产的保护传承利用问题反映在以下方面：非遗传承人数量不足，保护压力大，部分非遗濒临消失；对非遗的深入挖掘不够，整体性保护不足；民众传承意识不足，尚未形成多样化的保护体系与持续性的活态传承机制；非遗资源的活化利用程度较低，等等。

一、非遗传承的成效显著

广袤的大运河贯通八省市，沿线地区的非遗项目数量多、级别高、种类丰富，内涵深厚。在国家的大力倡导下，为促进大运河非遗的保护传承，各级政府纷纷采取行动，展开了多种方式的保护措施，也取得了一定成效。

（一）政府重视程度高，制定并落实政策措施

从国家级非遗保护的立法情况来看，我国早在 2011 年即出台了《非物质文化遗产法》。大运河申遗成功后，国家开始积极促进大运河文化保护的相关政策出台，2019 年，中共中央办公厅、国务院办公厅印发《大运河文化保护传承利用规划纲要》，是为最高级别的运河保护政策，为大运河非遗保护传承指明了方向。作为文化遗产保护展示工程之一，大运河非遗保护的相关工作

得到大力保障。国家层面上，倡导加强大运河沿线地区非遗保护利用的设施建设，有序进行大运河沿线地区的非遗项目普查、记录和整理等工作，大力支持具有较好市场前景的非遗项目的保护传承，扶持传统技艺、传统美术等项目适应市场、深入发展，鼓励各地按照实际情况，制定并实施非遗专项保护传承方案。

从各地的非遗保护政策来看，各省市相继出台了相关的非物质文化遗产保护条例。近年来，大运河沿线八省（市）纷纷出台规划或细则，采取有力措施来促进大运河文化遗产的保护传承。例如，北京市于 2019 年 12 月发布了《北京市大运河文化保护传承利用实施规划》和《北京市大运河文化保护传承利用五年行动计划（2018 年—2022 年）》；河南省于 2020 年 1 月发布了《河南省大运河文化保护传承利用实施规划》；山东于 2020 年 3 月发布了《山东省大运河文化保护传承利用实施规划》；河北省于 2022 年 6 月正式实施《河北省大运河文化遗产保护利用条例》等。

（二）大运河沿线区域的扩充，促进了非遗保护工作的开展

根据 2014 年的世界文化遗产框架，中国大运河体系贯穿北京、天津、河北、山东、江苏、浙江、河南、安徽等八个省级行政区。2019 年，中办、国办联合印发的《大运河文化保护传承利用规划纲要》在世界遗产保护框架的基础上，对大运河沿线区域进行扩充，增加了九个城市和一个国家级新区（见表 2-2）。这就意味着国家对运河遗产保护范围进行了扩展，也意味着大运河文化遗产越来越得到重视。这样一来，那些本应属于运河区域而长时间以来游离在运河区域之外的城市终于加入运河遗产保护的队伍中来，提高了本位意识，加强了对大运河文化遗产保护的重视，扩大了运河文化圈的规模，协同效应更加强大，不断实现对大运河更加全面的保护传承和利用。

表 2-2　大运河保护带涉及城市与范围

类别	省（市）	城市
2014 年大运河申遗涉及城市与范围	北京	北京
	天津	天津
	河北	沧州、衡水
	河南	安阳、鹤壁、洛阳、郑州、商丘
	山东	德州、聊城、泰安、济宁、枣庄
	安徽	淮北、宿州
	江苏	宿迁、淮安、扬州、常州、无锡、苏州
	浙江	杭州、嘉兴、湖州、绍兴、宁波
2019 年扩充范围	河北	廊坊、邢台、邯郸、雄安新区
	河南	濮阳、新乡、焦作、开封
	江苏	徐州、镇江

　　截至 2020 年 10 月，中国大运河沿线 8 省（市），共有非物质文化遗产国家级保护名录 1157 项，其中，北京市 120 项，天津市 47 项，河北省 162 项，山东省 186 项，安徽省 99 项，河南省 125 项，江苏省 161 项，浙江省 257 项（见表 2-3）。

表 2-3　大运河沿线 8 省市国家级非物质文化遗产代表性项目名录数量

省（市）	第一批	第二批	第三批	第四批	第五批	合计
北京	12	60	15	15	18	120
天津	7	10	5	11	14	47
河北	39	78	15	16	14	162
山东	27	93	33	20	13	186
安徽	26	34	14	14	11	99
河南	26	56	13	18	12	125
江苏	37	62	27	19	16	161
浙江	46	97	60	30	24	257

　　为了更好地对非物质文化遗产进行保护，各省市建立国家级、省级、市

级三级非遗保护名录，并发布了各自的保护政策和方案，形成了完整的保护系统。

（三）大运河非遗保护形式多样，成效显著

近年来，各地因地制宜，聚焦大运河非遗保护传承和有效利用，探索了各种各样的形式，具体如下。

1. 非遗与大运河博物馆共融模式

许多地方通过主题展示的方式来传播大运河非遗项目，大运河博物馆能够承载这种展示功能。在市级层面上，我国南北方运河分别有一座以大运河为主题的博物馆，即山东聊城的中国运河文化博物馆和浙江杭州的京杭大运河博物馆，这两座博物馆都设有专门的非遗展厅，用于全面展示当地的非遗项目。在一些乡镇区域，也有一些规模不大的运河博物馆投入使用，例如位于天津市静海区陈官屯镇的运河文化博物馆，专门用来宣传和展示国家级传统技艺项目——冬菜制作技艺。

2. 非遗与专门基地共建模式

一些地方通过创建专门基地来集中展示和传承非遗活动，例如，江苏扬州将"生产性保护"和"生活性保护"相结合，打造"486非遗集聚区"这个重要载体。扬州的琴筝、漆器、玉雕、剪纸、扬派盆景技艺及淮扬菜制作工艺等非遗项目集中到该基地中，提高了传统技艺、传统美术类非遗产业化水平，满足了民众生活和艺术观赏需求为目标，同时实现了非遗产业与文化旅游业的融合发展。

3. 非遗与商场共营模式

将非遗传承基地落户在商业中心等地段，便于汇聚人气，快速实现商业价值。2017年江苏省无锡市梁溪区非遗传承基地于中山路红豆万花商城五楼正式挂牌，由红豆集团投资500万元，助力传统文化融入城市商业中心。该处非遗基地进行了多种活态化非遗传承尝试，公众可以全年来此进行体验和文化娱乐活动，如在公共体验区、文艺教室等进行学习、观摩、鉴赏和互动活动。

4. 非遗与展览馆共赏模式

展览馆可以对非遗进行专业化、集中化展示。江苏苏州市拥有专门的非

遗展览馆，常年展出当地国家级非遗传承人的代表性作品，还经常不定期地展出相关非遗项目的延伸产品，如传统手工技艺食品类制作的成果作品，或传统美术类的艺术创意作品等。该处的非遗展览馆还开辟了非遗论坛和交流会，邀请非遗传承人来做讲座，吸引非遗爱好者前来学习和交流。此外，苏州非遗馆还时常征集非遗的相关资料，进行记录和保存，很好地发挥了展览馆保护、传播、传承非遗的功能。

5. 非遗与专业博物馆共研模式

大运河沿线许多地方建立了专业博物馆，进行集中化、专业化、专门化地展示非遗产品，同时有利于游客非遗爱好者进行深度体验。比如，位于浙江杭州西子湖畔的中国丝绸博物馆展示各种精美的丝绸产品，是中国丝绸文化的集中展示区；杭州的中国扇博物馆是中国唯一一个以扇为主题的专题性博物馆，游客可在该馆中全方位领略中华独特的扇文化；位于江苏徐州的民俗博物馆也注重保护和发掘传统手工艺，陈列了上千种民俗文化作品，并融合收藏、展示、教育、宣传、娱乐、购物等功能于一体，彰显地方特色和非遗魅力。

二、大运河非遗传承面临的问题与压力

中国大运河申遗的成功，并不意味着其保护工作的完结，而恰恰是一个新征程的开端，可谓机遇与挑战并存。尽管我国在大运河非遗的挖掘、整理和保护方面做了大量工作，相关部门和专家的研究也在持续推进，但由于现实客观情况，大运河各类型非遗保护传承的难度和面临的问题依然存在。

（一）世界文化遗产保护规则中的"除名"制度对遗产国构成压力

中国大运河申遗成功固然是中国文化领域的巨大成功，但绝不应该有"完成任务""一劳永逸"式的松懈。大运河文化遗产的申报工作虽然结束，但后续还有很多重要的工作，现阶段仅仅是站在新的起跑线上，还要准备更长远的征程。由于世界文化遗产委员会为了更好地促进世界文化遗产的有效保护，对所有列入《世界文化遗产名录》的世界各国各地区的项目采取了动态管理制度，最突出的一个惩罚措施就是"除名"制度。受此制度的干预，如阿曼的阿拉伯大羚羊保护区、德国的德累斯顿易北河谷、英国的利物浦海上商业城市三项遗产项目就分别于 2007 年、2009 年、2021 年遭到除名。此外，世界文化遗产委员会为了加强对濒危文化遗产的保护，特别对此进行了界定，即"当某一遗产面临具体的且确知即将来临的危险，或者潜在的危险，该遗产面临可能会对其固有特性造成损害的威胁，威胁完整性的因素必须是人力可以补救的因素。"① 中国大运河加入世界文化遗产，可谓荣誉与责任同在，机遇与挑战并存。有专家和学者早在中国大运河申遗成功之前就指出了申遗后续问题的艰巨，表达了对暗含的危机的担忧。正如有识之士所说，中国大运河的保护问题涉及多区域、多类型、多部门，各种头绪十分复杂。尽管部分问题随着申遗的成功而得到解决，但由于涉及多方利益主体和各种社会关系，依然存在很多矛盾和疑难问题，这些问题短时间内不会得到彻底的解决。大运河文化遗产的保护与传承工作依然任重道远。因此，必须审慎对待现实，在严格执行世界文化遗产委员会的相关规则的同时，积极协同各方力量，寻求遗产保护的妥善对策。

（二）内生动力低，非物质文化遗产传承难以为继

长期以来，由于社会的发展和变革，非物质文化遗产项目传承人的生存空间被不断挤压，很多老艺人、老工匠处于社会边缘，稳定的经济收益无法保证，应有的社会尊重也享受不到，逐渐被新的社会潮流所取代，被世人淡忘。目前，很多非遗项目的传承人老龄化趋势严重，基本还在沿用师徒制下的口传心授、顺其自然的套路。一些传统技艺、手工艺类的非遗往往工序和流程复杂，不易掌握，学成周期长，就业渠道狭窄，市场需求少，产业化尚未形成，经济效益微乎其微。基于此，非遗事业无法吸引年轻人的目光，甚至很多年轻人从未听说过非遗，即便是靠家族世代传承的一些非遗项目，时至今日也难以挽留本家族子女继续传承和发展祖业。例如，北京通州的国家级非遗"面人汤"面塑技艺，因代表性传承人过世，而导致项目失传；又如江苏徐州丰县的国家级非遗糖塑技艺（丰县糖人贡），糖人贡主要用于传统丧葬祭祀活动，但由于我国丧葬制度的持续改革，如从 2023 年开始，推行"两拆三清"，传统丧葬习俗不断调整，流程简化，而导致该项目的用途面窄，生

①杨爱英、王毅：实施《世界遗产公约》操作指南，刘霖雨，译. 文物出版社，2013，第 40 页.

第二章　大运河沿线的非物质文化遗产

存空间逐渐缩小，状况堪忧。

（三）非遗与现代社会的发展理念、审美需求不相融合，亟待创新和改革

非物质文化遗产来源于农耕社会的自然条件，随着时光流走，岁月变迁，逐渐被现代的社会化大生产所取代，与当今新的生产方式、生活范式和新的审美需求格格不入。例如，民间文学类、音乐表演类非遗的研究过于注重研究文本，而忽视了活态化传承方式的研究和实践。此外，一些非物质文化遗产使用的原材料属于"不易得"或"不应得"的资源，例如天然的稀缺资源、不可再生的珍贵资源，甚至是一些珍稀的野生动植物资源（如象牙雕塑），这与国际社会的环保理念、资源保护趋势以及国内的政策法规都不相适应，未来应探索新的原材料或找到代替品来发展创新。

（四）对非遗的活化传承和合理利用不足

目前，大部分非遗项目在产业化开发利用上意识不足，实施力度和效果有限。一方面，部分地方政府重视程度不足、扶持力度较小；另一方面，非遗传承人自身的创新意识和文化利用能力不高，再加上非遗自身所起源的特定历史文化背景，与现代社会的生产生活方式大相径庭，难以迎合当前的审美潮流，面临创新发展和融入当代生活的巨大难题。从总体上看，如今非遗的创造性利用途径仍然比较局限，资源活化利用的层次偏低，文化有效开发的手段较为单一，同质化倾向明显，例如各地均以博物馆展示、音乐类节目展演、手工艺类产品进行旅游纪念品开发等形式为主，而缺少有特色的、参与性和体验性强的文化开发项目，创新型文化产品较少，尤其是缺乏以传统文化为内容、以数字和科技等为手段的跨界融合式的项目创意设计，与大众的需求脱节，产品的体验性和参与感较为薄弱，无法给受众留下深刻印象。此外，没有形成一种可持续性机制，即非遗资源无法有效地转化成出色的文化产品，市场价值微乎其微，尤其是在文化和旅游产业实力较弱的地区，无法将非遗进行活化利用，或者其利用的层次偏低。非遗资源的内在价值没有被深度挖掘，无法创造出具有地域特色的文化元素和文化形式，并且在文化资源的组合配置与非遗的整合利用方面也有所欠缺，非遗与其他相关文化产业的联动融合发展不到位，往往只是单打独斗的局面。

（五）大运河非遗传承利用的整体协同性较差

大运河沿线地区蕴含着十分丰富的非遗项目，从目前的发展状况看，大多是各自集中在小片区域发展，传承形式以自觉为主，开发利用的水平较低，不注重整体性、融合性发展，往往陷入"单打独斗""各自为战"的境地。例如传统戏剧类非遗项目中，京津冀地区的戏剧种类多，代表性强，如果在当今社会仅靠独立发展的话，是具有相当难度的，其传承范围的扩大、基础设施的配备、表演观众的支持都无法保证。但如果大运河沿线区域的传统戏剧类资源采取整体性、融合性、互补性发展策略的话，则可以实现多方面的资源共享，扩大文化传播的范围，有利于达到协同优化发展的效果。由于许多运河沿线城市在文化利用视野上的局限性，往往只关注本地区非遗项目的独立发展，忽视了周边区域的文化资源，无法实现统一谋划和进步，即便能够在一时之间展现地方特色，但长远来看，难以形成大运河非遗的规模效应和文化品牌效应。应当看到，许多大运河非遗在多个地方都有分布，有着类似的表达方式和文化传统，可以尝试以运河文化为主导，来进行非遗项目的创造性整合协同发展，将具有运河魅力的文化项目更好地传承和弘扬。

三、发展对策和路径

大运河非物质文化遗产涉及我国古代社会的生产、生活、传统文化等多个领域，既是民众文化生活多样性的体现，也是中华民族传统文化的瑰宝。应当将非物质文化遗产的保护、传承与开发利用相融合，实现文化遗产的"活态"发展。将大运河两岸的优美风光与深厚的人文资源、丰富的非遗元素结合起来，多措并举，促进大运河沿岸的非物质文化遗产在现代社会持久地彰显魅力。

（一）优化顶层设计，提升协作水平

针对大运河文化资源管理、非遗保护等工作过程中的区域分割、部门分割、类别分割等问题，不仅需要跨区域政府部门在政策、理念、实践上的协同，也需要社会团体、民间组织、研究机构等多方力量的统筹谋划、协同建

设。应当建立起一种多层次合作机制，该机制充分整合政府间、行业间、社会组织和学术界等团体的智慧和力量，以大运河文化保护传承利用为基础，有效发挥不同社会力量的优势，促进运河各地文化资源的优势互补、资源共享，达到充分促进文化资源的协同开发利用的目的，将优质文化资源转化为文化产业动能和优势，形成大运河文化遗产保护和文化产业建设的共同体。要共同构建形成管理方面的长效机制，联合大运河建设相关的生态资源、文物、旅游、环保等部门共同努力，形成合力。推动构建"大运河国家文化公园"联合体，坚持生态环境联合治理，动员各有关单位和部门深化大运河管理理念改革，形成协调统一、高效规范的大运河管理体制，继续完善大运河整体保护、分级治理的河长制工作，不断强化大运河联合治理的基本策略。在保护优先、协同治理的总方针下，积极推进大运河文化资源的整理、维护和完善，重塑大运河文脉。

（二）理念创新，文旅融合发展

文化和旅游融合发展是新时代文化复兴、旅游行业高质量发展的必要要求，也是大运河规划纲要所提出的重点任务之一。部分地区快速的城镇化建设、大规模的旅游开发给大运河沿线的文物古迹、建筑遗存等文化遗产的保护和管理工作带来弊端，而部分地区长期忽视生态环境保护、地域文化的挖掘和旅游产业的必要开发，文旅融合刚刚起步，甚至还未起步，都影响了大运河文脉的延续和旅游业的健康发展。因此，应当将文化的繁荣和旅游的合理开发结合起来，转变思路，理念创新，在重视大运河文化遗产的保护、传承的基础上，对文化进行活态保护、活化传承和创新利用。坚持"以文塑旅、以旅彰文"的开发思路，做大做强运河文旅产业，推动大运河全域文旅融合，形成文化产业集群。这不仅需要在理念上改革创新，拓展思路，还要在实践中多方探索，扩充融资渠道，吸引民间资本。在文旅产品供给上，探索丰富旅游产品，形成"全域旅游、多业态融合"的旅游发展模式，如以群众喜闻乐见的方式，丰富舞台表演、实景演艺、展会展览等多种文旅项目，结合各区段大运河文化资源特征，开展民俗技艺体验、博物馆研学与特色酒店休闲度假等多种文旅活动。鼓励部分旅游通航河段开展游船观光项目和深度体验项目，在游船中展开今人与古运河的对话，结合智能科技，融入夜间旅游活动，提升旅游效果，充分唤醒民众的大运河文化记忆。与乡村振兴战略实现有机结合，挖掘乡村中蕴含的运河非遗元素，开办运河集市、运河非遗小屋、群众大舞台等，不断完善文化旅游产品供给体系，将非遗融入现代生活，实现文化遗产的永续传承。此外，可积极培育大运河文化旅游示范区、特色乡镇等，打造和完善乡村旅游精品线路，百花齐放，串珠成链，将旧模式下的"观光游"转变为"体验游"，"浅层次游"转变为"深度游""文化赋能游"；"圈地游、单业态游"转变为"全域游、全产业游"，促进文旅产业高质量发展。

（三）统筹兼顾，提升辐射带动力

促进大运河成为助力沿线地区高质量发展的致富河、人民追求高质量生活的幸福河，就要充分发挥区域带动作用，推动大运河文化带成为经济发展新动能区域、文化建设新中心。需要发挥重点区段、城市的示范和带动作用，如江苏段、浙江段向山东段、河北段等地区传授经验，加强指导，不断推动大运河沿线区域协同发展，实现各区域的平衡、优化、统筹发展，打造协调统一又各具特色的"千年运河"品牌与子品牌，提升大运河整体的综合影响力和辐射带动力。还应高标准建设大运河国家文化公园和各地的场景示范基地，系统推进沿线生态治理、水利改善，促进沿线产业转型升级和乡村振兴；充分发挥市场作用，推动大运河沿线地区产业结构调整，使一、二、三产业健康、融合、良性发展，培育新的经济增长点，激发中小城镇的发展活力，如江苏淮安河下非遗小镇的文化产业发展规划。

（四）加强产业融合，提升发展动力

在新发展阶段，大运河文化带建设需要从政府、企业、社会三方面找出共同发展的契机，争取产业合作，破解资金问题。运河沿线地区应当结合各自地域特色、资源禀赋和产业发展现状展开积极论证和实践，确定适宜融合的产业领域。政府需要统筹谋划，运用各种政策、金融、财税等手段，打通融资渠道，加大融资扶持力度，解决大运河文化带建设中的融资问题。为了共同实现大运河沿线文化遗产的保护、传承、利用，应探索建立大运河文化发展基金，吸收民间多方资金，引导大运河沿线城市和相关企业拓展合作领

域，抓住企业和城市转型升级的发展机遇，进行深度合作，实现跨界融合、优势互补、错位发展。企业方面也需要抓住机遇，转变思路，紧跟政策，促进产业结构调整，优化发展模式，加快新产品的开发，实现供给侧结构性改革，提升发展动力。

（五）塑造特色品牌，加强交流与宣传

国家大力提倡推动中华优秀传统文化创造性转化、创新性发展，大运河文化品牌的塑造，是传承弘扬中国特色先进文化的重要举措，在传播推广上，需科学规划、挖掘文化、凝练品牌、突出特色。应当积极创新传播理念，借鉴国内外世界文化遗产有效利用的典范经验，制定高质量文化传播模式。在多媒体融合发展的新时代，充分利用各种展示交流平台，发挥大运河文化的特色优势作用，把握已有的参与群体，大力吸引潜在群体参与大运河文化国际化宣传，面向世界受众，着力引导，拓展传播渠道，如发挥运河城市合作机制的作用，加强与世界运河名城的互动合作与交流学习；定期举办大型节庆活动，如运河嘉年华、运河文化艺术节、大运河文化展览、城市论坛等多样化的主题文化活动。在传播实践中，避免区段性割裂传播，应当以大运河文化遗产廊道为主体，促进线性文化整体传播，强调大运河文化历史发展渊源、整体功能性和文化包容性进行对外宣传展示，突出大运河文化在时间、空间上的文化流变，塑造和传播大运河文化的"传承带""交融带"，体现大运河作为世界文化遗产的宏大、独特和深邃，展示整体化、形象化的运河气质，进一步提升大运河文化作为中国传统文化的精华作用，展示中国价值、中国魅力和中国底蕴，使中国大运河成为世界文化遗产传播的典型代表，以及高品位、活态化文化传承的示范形象。

（六）场馆规划建设，文化遗产科学利用

为提升非物质文化遗产的展示效果，应合理规划场馆建设，鼓励有条件的地区建设非物质文化遗产专题博物馆或综合馆，突出地域文化特色。同时要提升大运河沿岸现有非遗展览馆的水平，充分发挥其宣传展示作用，提高群众文化生活的品质，共享文化发展成果。特别注意的是加强统筹协调，避免重复建设。在创新非遗传承路径上，应科学合理利用文化遗产的社会价值，

以若干传统节日、"文化遗产日"为契机,丰富非遗主题活动,打造地方特色文化品牌。积极促进非遗传播平台互联互通,加快实现非遗数字化保护。如今,大运河沿线区域纷纷开通非遗网站,丰富新媒体平台内容,一些地方中英文版内容同步上线。同时,政府联合社会各界力量,推介非遗文化艺术团体走出去,组织表演类非遗、体育和游艺类非遗向海外发展,赴境外演出,助推大运河非遗与世界各国文化充分互动、交流与融合,并不断进行改进和创新。

(七)助力非遗传承人,创新传承模式

非物质文化遗产紧密依托地域或民族独特的生活生产方式,最大的特点是基于是民族或社区审美习惯的"活"的再现。它来自师徒之间的口传身授,表现为各种形式的声音、图像、技艺和互动游艺,这种自然而又自觉的文化链不断地延续和传承,可谓最为脆弱的"活"的文化。如果要实现非遗的有效传承,人的活动就显得尤为重要。要完善非物质文化遗产代表性传承人的选拔、认定和资助制度,创造良好的非遗传承条件,支持他们开展收徒、传授和各种宣传教育活动,尤其对有生活困难的传承人给予资助。为了改善师徒制的弊端,拓宽传承渠道,要积极助力非遗传承人与高等院校合作,探索学徒制新模式,培养非遗爱好者和传承人;要大力弘扬工匠精神,实现有效的非遗活化,搭建多种形式的展示和交流平台,使民间优秀传统文化能够深入当代社会需求市场与民众生活,激发非遗的内生原动力,扩大非遗影响力。

第三节　大运河河北段沿线非物质文化遗产的传承分析

　　大运河河北段始凿于东汉末年，是北方运河的肇始，经历代疏浚、整治，整体保存完好，遗址类型齐全，人工弯道密集，原生态景观风貌样态真实，融合京津、燕赵、齐鲁、中原等多元文化，独具北方特色的文化属性。拥有全国重点文物保护单位19处，省级文物保护单位9处、国家级非物质文化遗产16处，省级非物质文化遗产100处。大运河河北段非物质文化遗产类型丰富，包括民间文学，传统音乐，传统舞蹈，传统戏剧、曲艺，传统体育、游艺与杂技，传统美术，传统技艺，传统医药，传统民俗等。从项目类别来看，传统戏剧、传统体育、游艺与竞技、传统技艺项目居多。

　　大运河贯通南北，串联了各具特色的文化和风俗，形成了独特的大运河文化，孕育了丰富的非物质文化遗产。大运河河北段流经廊坊、沧州、衡水、邢台、邯郸等地，非物质文化遗产分布广泛，地域特色明显，种类多样。2021年，河北省文化和旅游厅印发《河北省"十四五"非物质文化遗产保护规划》，提出要积极推动非物质文化遗产有效保护、活态传承。在规划中也体现了对不同类型非遗的科学保护，分类施策的原则。由于大运河非遗项目类型多，分布广泛，文化内涵有差异，传承状况各不相同，所以适用的保护方式也应区分开来，这种分类保护的原则充分体现了对非遗多样性和差异性的尊重。例如，对于传统技艺类非遗，需要采取产业化保护、生产性传承，实施大运河传统工艺振兴计划，促进传统工艺的提高、改进和高质量发展；对于传统表演类、传统体育与游艺类非遗项目，则应尝试与旅游业融合发展，开展多种形式的大运河文化旅游活动，塑造运河文旅品牌。典型案例如沧州吴桥县的杂技技艺，这是首批国家级非遗项目，河北省、沧州市和吴桥县多年来为保护传承该项目，做出大量工作。通过多种方式推动吴桥杂技大世界文旅项目良性发展的同时，河北将建设吴桥杂技国家级文化生态保护实验区，这是河北省有力推动大运河非遗区域性保护的创新性尝试，目前吴桥正在为建成省内首个国家级文化生态保护区而开展各项筹备工作。在 2023 年 2 月，县政府针对此项目面向社会公开了一系列总体思路、保护原则、目标任务等内容。

非遗是以人的传承为核心的文化传统，在信息技术不发达时，只能通过文字资料或实物留存等传统方式进行保存，其中的艰难可想而知，不仅难以全面记录，也脱离了当下社会的发展状况，应当结合最新的科技手段和人文环境，建立动态数字化非遗管理档案，这是一项必要性和基础性的工作。《河北省大运河文化遗产保护利用条例》指出，要以文字、图片、录音、录像、口述史等方式，记录和拍摄非遗代表性项目和代表性传承人的相关知识、精湛技艺和传承情况。目前依据新媒体语境发展，河北省运河非遗记录工程有序推进，通过科技手段和信息技术，有效地对省级以上非遗代表性项目的情况进行全面摸底调查和系统记录整理。将继续组织专业人员陆续开展非遗田野调查，通盘收集大运河非物质文化遗产的数量和种类、分布状况、存续状态、分析传承现状，从多角度建设集多功能于一体的大运河河北段非物质文化遗产数据库。

一、沿线城市乡镇分布简况

（一）廊坊市

大运河河北段在廊坊市分为两段，上连北京通州区，下接天津武清区，全段流经廊坊市香河县境内，全长 21.7 千米。拥有国家级非物质文化遗产 1 处（香河安头屯中幡）、省级非物质文化遗产 4 处（香河西南街音乐会、香河大河各庄竹马会、通臂拳、烧蓝技艺）（如图 2-1）。还包括龙舞（倪庄老龙会）、文武高跷会、葫芦烙画、古建筑模型制作技艺、西路评剧、香河肉饼、京东大鼓、咏淑阳八景诗词文化、金漆百宝镶嵌等众各类等众多非遗项

图 2-1　香河安头屯中幡
（沧州博物馆）

目。《香河县非物质文化遗产保护发展规划》的制定、香河运河非物质文化遗产保护中心的建成、各类论坛、民俗文化节等举措对非遗的传承起到重要作用。

（二）沧州市

大运河沧州段属于南运河，南起吴桥县第六屯村（冀鲁界），北至青县李又屯村（津冀界），流经吴桥、东光、南皮、泊头、沧县、运河区、新华区、青县8个县（市、区），全长216千米。拥有国家级非物质文化遗产10处（吴桥杂技、沧州武术、青县哈哈腔、劈挂拳、燕青拳、沧县狮舞、木板大鼓、生铁冶铸技艺、泊头六合拳、沧州落子）、省级非物质文化遗产59处，吴桥杂技与沧州武术驰名中外（如图2-2、2-3）。截至2022年9月，沧州市公布的包括河间传统刺绣技艺、河间吹歌、河间古砖烧制技艺、沧县木工农具炸卯榫技艺、东光县观州泥塑、新华区张氏糖画、南皮县张陶窑制作技艺、南皮八极拳等在内的非遗项目共有8批次之多。

图 2-2　吴桥杂技

图 2-3　河北博物院沧县舞狮

（三）衡水市

境内大运河由南运河衡水段、卫运河故城段组成，全长 179 千米，其中南运河衡水段全长 117 千米（南运河部分河段为衡水景县与沧州吴桥县界河，左堤在景县境内，右堤在吴桥境内，运河长度重复计算约 90.8 千米），卫运河故城段全长 62 千米。拥有省级非物质文化遗产 10 处，景县华家口夯土险工被列为世界文化遗产之一。另有故城盐厂秧歌戏、漳卫南运河船工号子、故城龙凤贡面、景县七巧灯、武官寨运河架鼓、武官寨羊肉大饼，景县兰陵王入阵曲、景州唢呐花活、景县布雕画、景县铜胎画珐琅技艺，阜城剪纸等非物质文化遗产。

（四）邢台市

境内大运河是卫运河邢台段，流经临西、清河 2 县，全长 55 千米。拥有省级文物保护单位 1 处（八里圈清真寺）、省级非物质文化遗产 6 处。非遗文化涉及清河县武松与武大郎的传说、曦阳掌太平拳、葛传武式太极拳、邱氏剪纸技艺、传统独立缯手工梭织技艺、运河陈酿酿酒技艺、刺绣技艺，临西县手工挂面制作技艺、临西潭腿、临西乱弹等。

（五）邯郸市

境内大运河全长 156.4 千米，其中卫河邯郸段全长 76.4 千米，卫运河邯郸段全长 40 千米，永济渠邯郸段遗址（隋唐大运河）线路较明确的段落约 40 千米。拥有国家级非物质文化遗产 5 处（馆陶冀南四股弦、魏县冀南四股弦、魏县传统棉纺织技艺、大名草编、大名小磨香油传统制作技艺）、省级非物质文化遗产 21 处，魏县土纺织技艺、大名县大名草编享誉河北。而馆陶黑陶制作技艺、馆陶粮食画（李凤海）、天易瓷绘（殷景太），大名小磨香油制作技艺、龙王庙镇罗汉拳、沙圪塔镇泥人打鼓制作技艺、黄金堤乡糖画制作技艺等非遗项目也独具魅力。

二、大运河河北段非物质文化遗产保护利用存在的问题

（一）传承保护有"重视"，资源"盘活"待提高

近年来，我国愈加重视非遗保护问题，党和国家颁布各项措施对非物质文化遗产进行保护、传承、利用，国家层面上已公布了六批非遗代表性项目名录。河北省政府积极响应国家文化政策，至2022年，也已陆续公布了六批非遗名录，河北省下辖各地级市也有各自的市级保护名录，省级以上非遗共计784项。多年来，河北省坚持贯彻"保护为主、抢救第一、合理利用、传承发展"的方针，切实做好非遗相关工作。

河北省不断探索将非遗进行深入挖掘、全面整理和数字化保护，各地区在积极调整资源配置，推动非遗保护传承，已经取得不错的效果。各类场馆、各类会议、赛事等建设颇有成效。如沧州这样的运河重点城市也已基本建成中国大运河非遗文化展示馆、大运河湾生态公园、沿线景观带等。在非遗活动上，河北省民俗文化节举办了13届，京津冀非遗联展举办了6届，河北省特色文化产品博览交易会举办了10届。此外还有多种地区性的非遗展览展销活动、非遗技艺赛事、文艺会演等活动，如传统工艺振兴对话论坛、非遗服饰设计大赛、"非遗＋扶贫"手工技艺成果展览、非遗过大年、非遗文创展销及研学体验活动等，体现了河北省创新性地将会展、精准扶贫、文创等事业助力非遗的有效保护和合理利用，做出了多种尝试。

总体来看，尽管河北省努力将非遗与扶贫、非遗与会展、非遗与地方节庆、非遗与文创等领域融合发展，但仍然有些问题需要引起重视。首先，各类非遗资源在建设程度上差异过大。属于大运河河北段省级以上非遗项目约为90项，但其在知名度、传承人活跃度和综合利用效果上明显弱于河北梆子、蔚县剪纸、承德满族民俗文化等非运河非遗。其次，专门性大运河非遗的节庆活动宣传及推广力度存在不足。例如，就2020年9月在沧州市举办的大运河非遗大展暨京津冀非遗联展，了解和参与的人并不多。可见，将非遗与文创、旅游、节庆活动、影视动漫等各类文化产业融合发展的路径还有待探索，将非遗传承利用与京津冀地区的各项政策、会议活动联系起来，多产

业交叉研究发展、多角度共建产业格局还需进一步推动落实。此外，依托大运河非遗举办的特色文化活动的筹办、推广、宣传等有效环节还应提升与加强。

（二）非遗分布零散，传承难、影响扩大有阻碍

由于非遗的核心是人，从传统农耕式的生活环境萌发，在传统手工艺的生产方式或传统艺术的表达方式中被创造出来。随着农耕社会发展到现代化的工业和信息化社会，加之我国经济快速发展，现代生产和市场机制对传统生产和生活造成巨大冲击，非遗千百年来赖以发生发展的文化生态环境加剧变化，其原生态性、脆弱性和局限性被不断放大，突显出来，非遗的生存空间被严重挤压，影响力不断减小。

大运河河北段的非遗在沿线廊坊、沧州、衡水、邢台、邯郸五市及周围县乡村镇呈零散状态分布，但在城镇化进程不断加快中，那些非遗传承人，尤其是那些农村中传统技艺、表演类的传承者的生存状况堪忧，如果想要通过传统的非遗传承方式来获得经济效益，则渠道越来越窄，很多传承人不得不另谋出路，传统文化的广泛传播越来越难以实现，出现了"青黄不接"的局面。例如，沧州沧县的镂空木雕雕刻技艺在北方占有一席之地，在明清时期，凭借高超雕刻手段享誉北方地区，沧州及周围多处大型建筑木雕多来源于此。很多客商还借助大运河水路将木雕艺术品运往京城，作为宫廷御用之物，在清代还远销海外，使传统的雕刻艺术得到弘扬。但是时至今日，由于镂空木雕技艺所需材料较为珍稀，制作工序繁多且难度大，学成时间长，作品价格比较昂贵，使得该项技艺发展困难。目前沧县仅存一家海旺镂空木雕艺苑，技术高超者仅4位年长艺人，这一古老的民族工艺亟待拯救和保护。

由此观之，在运河非遗中，传统手工技艺类的项目占多数，这类非遗需要师徒之间的口传心授，在长期制作中坚定传承信念，在日复一日中迸发灵感以及长期积累经验，加之技艺工序复杂，花费时间精力较大，原料成本与产出不成正比，因此能够掌握核心技术的传承人越来越少，原有的传承人年龄不断老化，后继者却寥寥无几。例如，衡水景县铜胎画珐琅技艺、沧州石影雕技艺、邯郸魏县土纺土织技艺等，都存在上述问题。此类非遗项目传承人应打开思路，努力拓宽传承渠道，可以借鉴衡水木版年画制作技艺的发展

模式，一方面加大宣传力度，另一方面建立工作室或研习基地，选拔代表性传承人，改良制作工艺。

相较之下，属于传统手工技艺（饮食制作）类的项目则稍好一些，例如沧州十里香酒酿造技艺、老席八大碗制作技艺、衡水老白干酒酿造技艺等。民间的传统小吃资源丰富，因地域饮食习惯稳定，客源也有所保证。在今天的市场环境中，若要走出创新发展之路，应当坚守传统品牌、老字号的独有文化，保持传统技艺的鲜明特色和过硬质量，进而研究市场客户需求的变化，根据如今消费者的喜好，开发研制出适销对路的新产品，增强产品市场优势，力争成为本地区的特色产业。其中，特色品牌构建和创新营销推广战略十分重要，通过区域之间通力合作，塑造运河美食品牌形象，利用融媒体打开传播通道，构建多维综合传播体系，形成具有市场号召力的"大运河美食非遗系列产品"，这将极大增强该类非遗的聚合效应，有利于这些物质化的非遗技艺产品获得长远发展。

（三）对运河非遗的创造性转化和利用方式有限

非物质文化遗产需要传承主体具备较高的能动性和创造力，这个过程是在实践中不断学习、探索和发展的。但是在现实中，诸多因素制约了非遗主体的创新实践。一些传承人多年来形成的艺术表达习惯或手工技艺模式已经固化定型，由于年龄较大、身体状况不佳或思维局限，使得他们没有能力或缺乏意识去学习新知识，跟上新时代，所以往往因循守旧，创新乏力。另有一些传承人也认识到非遗传承的不利局面，迫切地想要接触新信息、学习新知识，但是苦于条件有限或机会不多；他们迫切地想要转化材料、改进工艺、提高效率，但是无法找到更好的材料和更好的学习空间；他们迫切地想要自己的艺术门类发扬光大，博得更多人的青睐，但是无法贴合当代人的审美偏好，跟不上时代审美眼光的变化。传统美术、传统手工技艺非遗项目众多，尤其是民间工艺美术类传承难度大，比如香河、青县的烙画技艺，是用火烧热烙铁在葫芦、木板等物体上熨烫出烙痕来作画，形式多样。如今，多数艺人是在做临摹和借鉴，原创性的作品较少，时代特色不鲜明，年轻学徒往往把烙画作为业余爱好来消遣，很少有传承人将之作为事业来深度研究和改进，很大程度上限制了烙画的创造性利用和创新性发展。

著名衡水景县的铜胎画珐琅技艺，又称烧瓷技艺，是在铜质胎体上涂敷釉料，经烧结、彩绘、镀金而成。种类多样，造型别致，制作流程复杂，工艺精湛，产品美不胜收。此技艺一般通过师徒传承制，采用家庭作坊式的纯手工制作方式来生产，需要高超的艺术造诣和精湛的手工技艺水平，工艺难以掌握。近年来，烧瓷技艺也由于社会经济发展、生产方式变化、观念变革、传承范围缩小等多种因素影响，创新乏力，生产举步维艰。

不仅如此，在传统音乐、传统戏剧、曲艺等非遗项目中，该问题也十分突出。如沧州沧县及周边农村地区喜闻乐见的木板大鼓，作为扎根于民间说唱艺术，它不仅抒发着乡情，表达普通劳动人民的心声，而且那种顿挫铿锵的大悲调将燕赵悲歌慷慨之势发挥得淋漓尽致，具有独特的艺术魅力。但由于木板大鼓也是传统的师徒制模式，采用口传心授的方式传授技艺，没有将节目内容和曲调进行系统记录，不利于学习和研究；且当今青少年审美趋势变化，难以欣赏古老的艺术门类，又缺乏高素质的传承人对其进行与时俱进的创造性转化，因而导致这一古老的艺术形式岌岌可危，亟待抢救和保护。如今，沧州木板大鼓艺人能登台演唱的仅存 8 人，且还有减少的趋势。面临类似困境的还有沧州落子舞、青县哈哈腔、东光吹歌、运河船工号子、临西乱弹、冀南四股弦等。

社会各界尽管拥有不少人才或机构去发展文化事业和文化产业，但多年来没有足够重视传统文化，没有深入挖掘和学习，导致文化产品的创造范式流于形式和表层，具有同质化倾向。部分地区的旅游产业和文化创意产业经过多年的粗放式发展，形成固定的几种套路和模式，难以和中华文化、地域文化、民族文化有效结合发展，创造出彰显中国气质和民族精神的非遗精品项目。更加令人遗憾的是，北方大运河地区的文化产业和旅游业才刚刚起步甚至没有起步，更没有将非遗资源融入文旅业进行有效改进和创新。

基于此，大运河非遗需要创新理念，合理有效地传承和利用。在尽量保持真实、完整的原则下，深刻理解非遗的核心精髓；另一方面要充分挖掘和利用非遗的文化价值和传统魅力，把传统文化和时代元素有机结合，通过创造性转化和创新性开发利用，提高文化传统的活力及转化率，使其富有独特的内涵，在文化多元社会中脱颖而出。如今，大运河文化带建设有国家政策大力支持，沿线市县乡村努力传承非遗文化，使其更好地与市场结合，民众对运河的关注度和认同感日益增强，非遗因大运河这个载体重焕光彩。如果以大运河为轴线，找出非遗文化的最佳对接点，将非遗资源创造性地融入运河特色文化产品中，则传统文化会焕发生机与活力，运河沿线地区也会获得良好的社会效益和发展机遇。

（四）运河非遗与现代生产生活方式联系性较弱

非遗能够世代相传是由于人们在适应改造环境和社会变迁的过程中，不断将其进行再创造与再设计，这个过程本身就不断地为周边群体或社区提供持续的认同感和凝聚力，能够彰显文化内涵，充实社会功能，具有强大的力量，在大众生活产生中与人类关系密切。然而在当代现实生活中，民众对丰富多彩的非遗项目所知甚少。在课题组成员的多次调研中，多数人主要从电视、广播、报纸等传统媒体知晓相关文化资源，而通过地方节庆活动、文创产品、特色旅游活动来了解的少之又少。其原因不难理解，在当今社会，大众由于主客观原因，在日常快节奏的生活工作之余被多种媒体平台文化所吸引，而政府和有关部门又没有采取有效措施将非遗与地方节庆、文旅活动等有机结合起来，使得民众没有机会对非遗进行接触和深入了解，导致非遗与大众的生产方式、生活内容渐行渐远。

即便是那些感知度较高的项目，也并不表示它能够紧密联系大众的生产生活，或者受到了民众的广泛认同和深入实践，产生了强大的向心力和归属感。例如，沧州武术，因明清时期"镖不喊沧"的规矩卓然于江湖，影响范围很广。这是古代沧州运河两岸的百姓用来防身御敌的有效手段，习练者规模庞大，武术名家辈出，沧州作为武术之乡名扬四海。随着中华人民共和国成立，社会渐趋安定团结，武术的核心作用式微，人们习练的意义逐渐转化为强身健体，或者在庆典中用以观赏助兴。如今沧州武术的很多门派和套路被迫减少、简化，又因特定的训练和演出环境，武术传承人的经济效益无法保证，专业习练人数和固定传承人数量也在缩小，传承面临困境。更难以解决的是，大多数沧州市民除在专门活动中观看武术，实际生活中与武术交集极少，尽管沧州国际武术节备受国家和省市政府的关注和支持数量上，已成功举办十届，质量上不断提高，但如何真正融入民众的生产和生活，还是"任重而道远"的状态，如何形成大的社会效应和区域品牌形象，使武术文化资源转化为产业优势。

又如吴桥杂技，吴桥县作为闻名海内的杂技之乡，其杂技艺术历史悠久，文化底蕴深厚。改革开放后建设的吴桥杂技大世界成为沧州地区有代表性的人文旅游工程，也是重要的杂技传承基地，1987 年至今，吴桥国际杂技艺术节也已成功举办九届。近年来受到社会变迁压力的影响也在积极寻求变革，来缓解吴桥杂技热度不断降低，绝招绝活传承乏人、市场运营推广方式落后、疫情影响造成经济效益下降的生存危机。客观来看，杂技的社会普及性需要政府相关政策的扶持，而当地政府对文化资源的开发意识不足，创新能力有限，专业的市场化运作人员缺乏系统培训，也没有与民间资本、高等院校和科研机构建立联动合作机制，致使优秀的传统文化资源开发利用程度不高，旧有的旅游圈地模式无法与新的市场需求和消费趋势相吻合。由此观之，其他非遗项目中也普遍存在类似情况，如传统民间文学类的沧州吴桥杂技口艺、邯郸的成语典故文化；民俗类的衡水阜城打囤、清河中华张氏传统祭祀、邯郸黄粱梦文化、青县觉道庄老子祭奠；传统医药类的中医针灸疗法等。在纷繁复杂的现代社会里，在多元文化冲击的人文环境中，传统文化赖以生存的环境受到冲击，人们在非遗的传承利用上，意识不强，对其认知大多处在记忆层面，或昙花一现的节日庆典和官方组织的活动中。然而随着文化复兴的时代浪潮和民众对本土文化意识的觉醒，非遗得到了热切呼唤。尽管对非遗的有效利用还不充分，但广大民众依然翘首企盼，以主动的态度充分接纳、随时准备走进非遗的传承世界。多数民众表示非常渴望、向往非遗融入自己的生活，想要了解、学习本民族、本地区的传统文化，获取优秀传统文化的美和力量。

如何延续大运河河北段非遗的生命力，普及传统文化，彰显地域文化特色，塑造河北运河品牌，或形成可持续发展的产业，是需要正视的问题。在社会发生深刻变化的背景下，拿出切实有效的措施使非遗能够更好地融入当下社会，为产业格局创新发展谋求多条路径，扩大文化效应和影响，对于非遗的"活态"传承，扩充人类文化"资源库"，促进地域经济文化发展，具有重大而深远的意义。

三、大运河文化带河北段非物质文化遗产保护传承发展研究思路

夯实深入挖掘和丰富文化内涵的基础工作。主要包括：展现遗存承载的文化。包括弯道代闸、减河泄洪为代表的因地制宜的河工文化，"河—滩—堤—林—田—草"为一体的原生自然的景观文化，"三辅赤县，神京堂奥"为典型的京畿辅卫的畿辅文化，西连大清河东通渤海的通河连海的商贸文化，以及金戈铁马的军政文化。活化流淌伴生的文化。包括霸州、青县等著名军镇为代表的崇德尚武的武术文化，吴桥艺人等享誉中外的杂技文化，沧县狮舞、胜芳花灯等丰富多彩的民间艺术。弘扬历史凝练的文化。包括天人合一的和谐智慧、慷慨忠诚的燕赵精神、神州一统的家国使命。

（一）完善大运河各级非遗名录建设

实施文化遗产普查建档工程。对永济渠遗址故道、重要古城址进行考古勘探和发掘，建立完备的数字化信息化数据库。对省级以上非遗名录项目和非遗代表性传承人进行抢救性记录，对运河船工号子等濒危项目进行抢救和复兴。全面调查整理是基础性工作，很多地区已完成，下一步应做好大运河非物质文化遗产各级、各类名录的建设工作。一方面构建以国家级名录为重点、省级非遗名录为主体、市县级非遗名录为延伸的梯次结构，建立河北省大运河非遗档案资料数据库平台；另一方面完善建档工作，建立河北大运河非物质文化遗产项目名录和非遗代表性传承人名录，并实施动态化管理，可定期对代表性项目展开存续状况评测和保护绩效评估，及时发现问题，对濒危保护项目加大政策扶持力度。

（二）依托京津冀协同发展战略，把握京津冀三地经济协同的同时促进文化产业联动发展

由于地域的紧密性和文化的延伸性，很多大运河非遗资源在京津冀地区交互流传，互相影响和促进，需要各地共同采取措施，深入研究并付诸实践。近年来，京津冀多地合作，通过开展非遗联展和大运河非遗大展，努力发挥非遗在群众生活中的影响力，挖掘京津冀相因相生的文化底蕴，营造全社会共同关注和参与、多维度保护传承优秀传统文化的浓厚氛围，展现千年运河

沿线城市流动的文化，促进运河沿线及京津冀非遗交流互鉴和协同发展的步伐走深走实。

（三）挖掘文化基因，塑造大运河非遗品牌

为了使大运河非遗获得有效的保护、传承和利用，应当增强非遗品牌意识，形成独具特色的大运河非遗品牌。研究大运河沿线各地非遗保护措施，区分种类和层次，试点先行，优势互补。发掘和保护大运河沿线历史文化街区、名村、名镇等优秀资源，推动非遗与旅游深度融合，拓建运河沿线文化旅游的品牌活动，全方位、多角度、活态化展现运河沿线自然风光、人文特色和非遗风采。

（四）完善大运河非遗的现代数字化保护手段

现代数字技术是依托先进的科技成果，将传统与现代相融合，使文化资源得到系统化、多样化的保存和展示。应当对大运河沿线省级以上非遗名录项目和代表性传承人的文化活动情况进行全面而深入的采集记录，利用数字化信息技术，妥善保存文字、图片、音视频等记录成果，经传承人允许，可出版非遗保护文字成果，还可以将非遗的传承过程放到正规传播平台进行宣传展示。从而使社会大众对非遗的了解更加全面、深刻、完整，推动大运河文化有效保护与传承。

（五）增加宣传展示方式，促进大运河非遗广泛传播

鼓励和支持各地在大运河沿线的历史文化街区、名镇名村、旅游地开辟大运河非遗展陈空间，对大运河非遗进行全方位展示。积极探索"非遗＋旅游"路径，引导大运河河北段非遗特别与旅游市场相结合，在大运河沿线的旅游景区和各类文化空间开设传统美术和手工艺品的展示和消费场所，为表演类非遗搭建展示平台。鼓励推出非遗相关纪录片、宣传片等优秀非遗作品，投放到各类媒体平台上，扩大宣传力度，推广运河非遗优秀实践案例。有效利用非遗的网络传播模式，引导非遗传承人通过新媒体来展示自己的文化实践过程，还可以入驻电商平台或借助新媒体平台，对非遗成果和作品进行网上宣传、推介和销售。实施大运河文化展示传承工程。开展邺城、大名府故

城等遗址保护，力争创建国家考古遗址公园。建设沧州铁狮子文化园、中国杂技博物馆等一批文化遗产保护展示项目。推动提高中国吴桥国际杂技艺术节、沧州国际武术节等节庆赛事举办水平。

（六）推动非遗传承人学习和培训，提升传承水平

落实培训计划，构建培训体系。鼓励和支持大运河河北段非物质文化遗产代表性传承人参与非遗传承研修和研习班，在学习和交流中不断进步。完善中青年传承人的选拔培养方案，使传承人队伍梯次衔接的结构更加合理。搭建交流平台，可以以多种形式组织优秀传承人进行专题对话和交流，如定期组织论坛或文化沙龙，互相借鉴经验，取长补短。鼓励中小学、高等院校与非遗所在社区及传承人合作，开创传统工艺工作站、传承实践基地、非遗爱好者园地等，提升传承水平和文化创新能力。

（七）完善大运河区域性整体保护

实施非物质文化遗产活态传承工程。按照表演类、手工技艺类、节庆民俗类等不同非遗项目类型，统筹传习所、传承基地、展示中心等保护利用设施建设。加强吴桥杂技、魏县漳南棉纺织技艺、大名府故城明城周边等文化生态保护实验区建设。对大运河沿线非遗资源丰富地区和人文环境较好的特定区域，实施整体性保护，维护生态环境，优化人文环境。发挥河北大运河非遗在乡村振兴中的重要作用，推动乡村振兴工程与文化建设紧密结合，按照省级和国家级标准，创建若干文化生态保护实验区并积极申报。另外，促进非遗与各种新兴业态融合发展，使非遗传承更加鲜活生动，推动大运河文化创造性转化和创新性发展。

（八）创建非遗传承活动场所

制定大运河非遗场地建设方案，按照表演类、手工技艺类、民俗类等不同类型，统筹规划和创建非遗传承活动的设施和场所。统筹推进河北省大运河博物馆非遗展馆的建设，建立一批具有展示、传播和教育功能的文化设施，如传习所、传承基地、展示中心、展览馆、专题博物馆等。

总之，大运河河北段地理位置优越，京畿文化、燕赵文化在此交会，并

受到齐鲁文化和中原文化的滋养，形成了独具魅力的运河文化，各种类型的文化遗产承载深厚的文化内涵，集中展示了大运河文化的形象和精神，有着极大的保护传承利用空间。作为大运河文化遗产的重要组成部分，非物质文化遗产是"活"的文化，是运河的活态基因、生命记忆和精神家园，也是彰显运河独有特色、激发内生原动力的重要元素，具有很高的社会和文化价值。有效地保护传承和合理利用大运河河北段非物质文化遗产，对于增强河北地区的文化认同感、提升当代民众的文化凝聚力、形成地域协同发展优势具有重要作用。

河北文化创意产业的发展

第一节　中外文化创意产业发展状况对比

在时代历史因素的影响下，从世界现代设计史的发展角度来看，对于文化创意产业的研究与应用较早出现在了国外，美国、日本、英国等国成了早年受益者。自 2000 年以后，世界范围内文化创意产业的发展逐步高涨，为不同国家和地区带来了可观的经济效益。由于世界各国的文化体系不同从而导致当下各国在此领域的多样面貌。

美国作为世界最大的经济体，其文化创意产业的发展也始终处于世界领先地位。其好莱坞电影基地生产制作的电影以及相关领域内的电视公司、音乐唱片公司、漫画公司的产业价值对美国文化创意产业经济所做的贡献最大。美国 IP 巨头代表为漫威公司，漫威系列作品改编的电影风靡全球。漫威能够获得成功，主要依赖于三大核心定位策略：选择合适的 IP、打造 IP 品牌以及基于"互联网＋"时代特征进行全方位营销。

日本文化创意产业主要依靠动漫文化的支撑。日本在 1917 年进入动漫产业的萌芽期，自 20 世纪 70 年代中期便进入高速发展期。在各大媒体平台上，日本的动漫作品都占据了重要的一席之地，深受各国年轻人喜欢。

最早提出"创意产业"定义的国家是英国，在世界近代史上，英国借助工业革命，一跃成为资本主义强国，稳居"世界工厂"的地位。在 20 世纪的现代设计发展过程中，英国制造业大国的地位慢慢衰落。但是英国政府审时度势，针对英国的发展情况制定了相应策略，为了促进就业，及时对产业结构调整，创意产业登上了英国经济发展的历史舞台，于 1997 年成立了创意产业特别工作小组。1998 年英国政府出台了《英国创意产业路径文件》，用法律手段明确了"创意产业"的概念，实施了多项措施：通过设置相关的运行组织管理机构、积极培育人才、加大各类资金的投入等手段对产业机制进行持续性建设。对整个文化创意产业的链条各环节如设计、制作、销售等进行宏观层面的扶持，最关键在于财政的大量支持，对投资、基金、贷款等方面进行资金优化。英国善于利用自己的优势为产业发展提供各类保障，并且随着社会的发展与历史文化的积淀，文化创意产业已成为英国的第二大产业，国家的就业形势有所缓解。另外，软件行业及广告电视行业发展势头较好，从侧面推动了文化创意产业规模的发展壮大。

我国在第十个国民经济和社会发展五年规划中首次提出"文化产业"的概念，并在"十三五"时期提出"文化产业成为国民经济支柱性产业"，文化创意产业已经开始与其他产业形式进行融合，在现代农业、信息技术、文化教育、体育事业、旅游经济等业态中都有明显体现，文化产业在国民经济发展中将发挥更为重要的作用。随着全球贸易及互联网的快速发展，全球文化创意产业产值快速增长，我国的文化创意产业步伐也紧跟其后，不断充实自身竞争实力，尤其是近年来以大运河为主线，沿线省市积极投入文化产业的建设之中，大火的"故宫文创"推动经济持续走高。

一、市场定位

菲利普·科特勒指出："市场定位是指为使产品在目标消费者心目中相对于竞争产品而言占据清晰、特别和理想的位置而进行的安排。企业在决定进入哪些细分市场之后，还必须决定在这些细分市场中要取得什么样的地位。产品地位是指产品相对于竞争对手而言在消费者心目中所处的位置。如果消费者认为某产品与市场上另一产品雷同，消费者就没有理由购买该产品。因此，营销人员设计的位置必须使他们的产品有别于竞争品牌，并取得在目标市场中的最大战略优势。"①本书描述大致涉及产品定位、企业定位、竞争定位、消费者定位等方面。

国外对于文化创意产业的市场定位问题研究较多，纵观国外文创产业发展历史，对该概念的理解随着时代的变化而变化。可以简单概括为国外基本立足于本国的传统文化的基础之上，结合时代发展需求，适时开拓国际贸易市场。比如美国、日本作为两个代表性的国家，于 20 世纪开始，在国际市场中迅速取得了大量收益。日本传承民族文化产业并进行创新，尤其通过动漫

---

①菲利普·科特勒：《市场营销导论》，俞利军译. 华夏出版社，2001，第 192—194 页。

行业对国际产业化平台的开发较为彻底，海外市场的占有率较高。美国的文化创意产业市场主打面向全球，一直以来都是向全球输出其文化产品，主要通过政治、经济、历史等方面优势，扮演引领国际文化产业潮流的主导角色。美国在文创产品的生产销售环节中取得了先机，将迪斯尼、好莱坞推向全球，主要依靠大国地位所带来的全球信息技术的便利性。随着中国的崛起，也正在开拓国内文创市场，秉持全球市场定位，例如2018年淘宝天猫来不仅大量出现国内的故宫博物院、陕西历史博物馆、苏州博物馆等文创店铺，还迎来了包括著名的大英博物馆、波士顿艺术博物馆等大家熟知的博物馆在内的店铺。其实国外博物馆在文创开发上要早于中国，并形成了成熟的风格体系。国外博物馆文创产品在国内的市场定位注重于对重要馆藏的标志性元素的内涵表达与造型提取，和对产品本身的特点、购买者的消费体验，价格十分亲民，种类丰富。

国内文创产品也较早地出现在了博物馆文创之中，故宫作为传统文化的代表，作为博物馆文化的翘楚，凭借故宫文创再次崛起，首先要归功于准确定位。定位可以从三个层面理解，一是客群定位，二是产品定位，三是价格定位。近年来故宫文化讲求"接地气""年轻化"的市场路线，在自身形象宣传、产品契合度、目标消费人群、宣传渠道策略上紧扣主线，分析主流消费人群的消费意愿。三星堆文创、敦煌文创等紧跟其后创下了不俗成绩，带动相关文化行业产品的快速起飞。但是在三、四线及以下城镇也存在定位模糊的情况，如同质化现象较多、差异化文化特色不突出、消费者层级定位不够严谨。

二、产品创新

在产品创新这个问题上，国内是借鉴着国外的诸多产品形式发展起来的，但是后来又走出了具有自己特色的文创产品之路。国内建筑遗存、民俗文化、历史典故等一系列资源为文创产品的创新奠定了深厚基础。正是因为文化遗产资源丰富，国内文创产业的产品创新工作才能频频出彩。产品创新首先体现在要了解文化遗产的内涵，对于当地域性文化资源的有效梳理挖掘，要运用科学合理的方法。突破旧有产品束缚，与时俱进地对产品的外观造型、构成材料、使用功能进行新思路设计,设计出符合时代特点的文化创意产品。国内的文创产品创新的立足点在于地域性多变,依托地理环境的复杂多变,产生了不同的地理文化,民情风俗、建筑形式等。国内的旅游城市立足地域特色,传承地方文化。地域性有时甚至延展到了材料的就地取材,色彩的地域特色表现,产品种类也在不断推陈出新,为生活提供了较多便利。但是文创产品主要是各地自主研发,缺乏科学化设计的产品占据一定比例,在人文关怀的创新体现上略显不足。

国外的文创产品设计创新也是建立在本国优秀文化的基础上,尤其是那些在国际上知名度较高的文化资源,将其与现代元素进行结合,紧抓市场定位,研究消费群体心理。多数文创以文学巨著为契机,将作者与书中著名的主人公进行研发设计,既有传播教育的意义,也有彰显文化的功能。比如在很多英国人的童年记忆里,对浴缸里的小黄鸭印象深刻,随后歌手吉姆汉森于1970年创作了一首流行歌曲《小黄鸭》,小黄鸭瞬间成为一种英国的流行文化元素。例如英国最畅销的文创产品制造者大英图书馆,其产品的追捧度、销售额都稳居前列,著名的莎士比亚与小黄鸭结合的"浮水鸭"将文学气质与浴室生活结合在一起,主打"为你的浴室加点文学气息"。2018年大英博物馆推出了明星文创"小黄鸭"系列,将许多文化元素融入设计。即使价格偏高,在旗舰店上线后也是迅速售空。再如,美国西雅图著名玩具生产商亚奇·麦克菲(Archie McPhee),将世界著名作家作为设计点,生产了一系列生活创意类产品,如创可贴、包装盒、空气清新剂等日用品。

近年随着文创理念的深入,多国文创的制造商们正在紧跟时代潮流,借助数字新技术拓展文创产品。这一改革多体现在博物馆的创新力上,博物馆正逐步转变身份,从主要作为展示、教育的公共文化场所逐步变为向参观者提供娱乐、学习和实践一体化的多元空间,将文创产品的应用场景与生活化进行结合,参观者也从观看欣赏者变为文化消费者。

三、市场机制

李云燕指出,市场机制又称市场的调节机制或市场的调节功能,指市场运行中各种构成要素之间相互制约、相互联系的作用和方式。市场机制的内涵非常丰富。首先，市场机制是一种由价格、供求、竞争三大基本要素相互联系、互相制约、互相促进的运动过程；其次，市场机制是一个多元市场构成的运作体系，不但包括商品市场机制，还包括劳动市场机制、金融市场机制等其他交换市场机制；最后，市场机制是一种经济资源的配置方式和组织形式。在市场机制作用下，市场主体通过各种市场参数（价格、利率、工资、地租、汇率等）的引导，自主地适应市场供求和价格变化，及时独立地做出决策，并且在动态过程中实现经济行为和经济利益的协调。①

依据具体国情的影响，我国文化产业构造复杂、内涵丰富，是以科学技术为依托的横跨多个学科的新领域产业。以文化旅游部门为主，涉及工业信息部门、发改委、财政部等各部委单位，以及博物馆、广播电视、新闻出版、文物局等相关文化机构。我国文化创意产业在过去的十几年中不断发展，持续性建设市场化运行机制，不断完善修正。我国属于政府引导、市场主导的市场发展模式，在具体的市场运行中，首先，政府作为整体文创产业规划发展的主导者，主要工作在于支持文创产业的战略发展，品牌支撑体系的顶层建设，科学规划产业发展布局、建设产业园区创新发展体系、制定国际化发展战略、为其提供多项条件和保障。其次，设置相关产业发展管理机构、搭建人才引进和培养平台、持续拓宽产业融资渠道、维护健康文化市场环境秩序、扶持优势企业带头发展。尤其是在文创产业管理上，政府牵头各部门，引导相关协会、行会等机构的建立，加强产业发展相关事宜参与工作的积极性，机构为主，政府从中辅助，使得机构的发展合理有序。在整个的市场经济运营中，国家及时宏观参与，进行引导和支持市场主导发展。

国外的市场机制由于各国国情的不同，都依据自己国家的文化发展历史呈现不同状况。例如：英国的英格兰艺术委员会、国家科学技术与艺术基金会等英国国家级文化技术管理机构依据产业与时代发展现状，共同设立了艺术数字研发基金。借助此机构对数字科技在文创市场的占有率进行了大量调研，分析数字科技对文创产业的巨大影响，营销手段与运营模式的特点，以及可能会出现的各种问题。调研结果为产业发展方向、政策支持等方面提供支持。机构主打研究文创产业中的新兴数字科技运用，推动新市场运营模式的构建及改善、拓展消费群体、实现文创产业发展的独特价值。

---

① 李云燕：《循环经济运行机制——市场机制与政府行为》，科学出版社，2008，第70—71页。

而丹麦主要依靠政府的支持与规划，政府在产业发展中影响较深的方面是集合有利于国家发展的创意思维并将其变为现实。政府会向社会公开招标评选，大众参与、集思广益，鼓励好创意的产生，并且会有大量的财政投入，政府出面采购所需，促进文创产业创意的"变现"。同时会设立专门的文创产业基金，从经济条件上保证产业的商业化发展。

美国由于是移民组成的国家，历史文脉的积淀并不深厚，但借助科技创新的引导以及 IP 核心战略的实施，美国在文创产业起步较晚、文化资源基础储备不足的情况下，一跃成为文化产业大国，打造环环相扣的产业发展链条，产业效应可观，并通过市场全球化发展，经济发展迅速。美国的文创产业市场机制更多体现的是对内政府鼓励各类文化资源在市场中"自由生长"，按照市场规律的走向进行商业运作，实行开放性的市场模式，历史上亦是如此，注重商业竞争，跟随时代发展加入了大量科学技术。这样的设置能够在市场中按照优胜劣汰的原则，实现商业模式的良好运作，利于及时掌握大众的消费体验，促进产品的研发生产。对外有税收优惠政策及价格机制，利于吸引外来企业与资源。另外，通过外来资金引入文化产业，借用内外发展，美国打造了诸如迪斯尼、好莱坞等文化产业集群。

四、内容与题材

国内外文化创意产业的思想内容与题材表现不同，主要缘于各国的历史国情的差异性。国内外的文化创意产业在此问题上有一个笼统的对比就是东方文化的含蓄与西方文化的开放，但无论是国内外都立足于本国的文化传统价值观念。

其中美国与其他国家有很大的不同，例如中国、英国、日本、德国、丹麦等国家都具有较长的发展历史，思想内容与题材方面致力于在挖掘传统文化的基础上进行创新研发，但美国属于移民国家，发展历史较短，所以文化上体现外来文化的集合性，对待外来文化接纳问题上持宽容态度，并大胆进行改造，改造依据美国的人文思想价值观体系。以根深蒂固的个人主义为基础，大众文化的人文理想加上丰富的想象力、创新能力、适宜的审美形式，匹配经济和科技的飞速发展，导致文创产业的题材多为科幻与英雄主义的结合，具备了极大的吸金能力，并依靠网络数字化时代的便利性，将多种技术融入产业之中，向全球输送自己的大众文化价值观。美国当下世界文化软实力的竞争态势中遥遥领先，说明一国的本土文化资源的储备只是种潜力，关键在于如何应用与有效开发。从某种意义上言，一国的文化资源是可以由世界共享的，美国迪斯尼成功改编中国故事《花木兰》，取得很高的经济效益与文化影响就是证明。英法等国在文创产品的设计上依据自身文脉中的各类文化资源，例如文学名著、神话故事、博物馆藏等内容都与当下市场结合，开拓题材明显的产品。

纵观中国的文明历史，一度处在全世界领先地位，但近代文化软实力较为落后。中国的文创优势在于题材丰富，可以将文化思想、著书学说、字画典籍等经过当代创意设计，立足市场大众需求设计特色明显的文创产品，可从生活用品类、文具图书类、数码产品类、服饰彩妆类、手工艺类中取材。国内各地文创产业都根植于传承保护当地的文化遗产，文化遗产是传统思想内容的集中体现，也是产品取之不尽、用之不竭的题材来源。我们需要对文化遗产进行梳理甄别，有针对性地将利用性高的文化遗产资源进行研发设计，重新进入当下市场，传承文化底蕴，也推动市场经济增长。国内各地都在立足思想文化内容丰富的优势，延展产品题材表现，结合科学技术，创新文创 IP 产业链的发展。根据第三方市场研究机构 iResearch 的数据显示，2020 年中国 IP 授权市场规模达到了 749.8 亿元人民币，收益可观。

第二节　河北文化创意产业发展优势

　　文化创意产业发展的发力点在于创意概念的提出与衍生应用，是针对文化、知识形成完整的产业，作用巨大。放眼全国各省市都经历了从对文创产业最初的学习，到当下的探索、发现、创新阶段，并在互联网消费时代的冲击下注重产业的改造、转型、升级，注重对优秀高品质产品的开发推广。通过发展文化创意产业来提升我国文化软实力和文化传播力，是未来国家建设文化强国的重要战略选择。

　　近五年来，河北省凭借自身的深厚文化底蕴和得天独厚的地理位置优势，通过各种政策措施，激发文创产业热潮，借鉴国内优秀文创产业案例，整合省市县乡的多种文化资源，加强与高校的相关专业合作，不断创新产业发展的机制模式，契合大众的审美心理与精神追求，文创产业的发展势头良好。依据近几年河北省社会科学院与社会科学文献出版社联合发布的一系列《河北蓝皮书：河北文化产业发展报告》中不难看出，河北省凭借其自身努力在文创产业的发展中取得了一定的成绩。

　　针对河北段大运河的发展优势，河北省相关部门为运河沿线的文创产业发展做出了诸多努力，多次在全省有针对性地组织文旅创意产品设计大赛，积聚各地企业、高校的设计人才力量，积极在政策上推动文创产业发展，各市县乡相关部门积极组织乡村具有特色的非遗文创产品参赛，作品质量俱佳。2019 年借助河北省博物院举办独具各地特色的文创产品展览，传播地方文化，推动旅游文化传播。2020 年初，因疫情导致文旅行业受到较大影响，河北省文化和旅游厅为提升河北文旅品牌形象，有效开展"云游"系列文旅宣传，取得了较好的效果。2020 年 4 月，河北省人民政府发布了《河北省数字经济发展规划（2020－2025 年）》并进行解读，规划提出文旅产业应依托国家批复的京津冀大数据综合试验区，打造旅游大数据产业中心，整合全域旅游、乡村旅游、数字文物资源等数据资源，并升级"乐享河北"App功能，体现品牌文化①。河北省在发展文创产业之路上还在不断探索，努力开发自身的优势资源，推动产业模式升级，带动经济发展。

一、地理环境及历史文化资源概况

在漫长历史中，河北省的行政区域经历了多次变动。在远古时代，大禹治水时期将华夏划分为九州，此时的河北属古冀州区域；到了春秋，河北分属燕、晋、卫、齐诸国；战国时分属区域又变动为燕、赵、中山、魏、齐等国。也就是此时，河北的燕赵之称初见雏形：其中以燕、赵为主，故有"燕赵"之称；继而在秦始皇统一后，以现在的河北地区上设置渔阳、巨鹿、邯郸、恒山郡；汉朝始划幽、冀等州，作为正式行政区域自此始；隋置幽州总管府；唐属河北道，河北作为正式行政区划始于此；宋分河北为东、西两路；元在今河北地区置大都、保定、真定、河间、大名等路，此时直属中书省；直至明朝洪武年间，有了北平布政使司；后在永乐年间改北平为京师，顺天府开始出现，各府、州直隶京师，称北直隶；清朝设置直隶省，民国初期仍沿用；1928年改直隶省为河北省至今。

河北借多变的地理空间环境产生了丰富的历史文化资源。首先，最大位置优势在于环抱首都北京，向东与天津毗连并紧傍渤海，东南部、南部与山东、河南两省有所衔接，向西与山西为邻，西北部、北部与交界，东北部与辽宁接壤。其次，在地势上造就了多样地貌，为人居生活的多变性提供了可能性，各种文化在此地进行了融合。河北地处中纬度沿海与内陆交接地带，地势西北高、东南低，从西北向东南呈半环状逐级下降。是中国唯一兼有高原、山地、丘陵、平原、湖泊和海滨的省份，从西北向东南依次为坝上高原、燕山和太行山地、河北平原三大地貌单元。境内河流大都发源或流经燕山、冀北山地和太行山山区，地跨海河、滦河两大水系。

正是由于历史的繁杂更迭产生了文化的融合与积淀，河北省历史文化资源才具备内涵丰富、形式多样的特点，这也就为文创产业的持续发展提供源

---

① 郝小梅、王琦、张震：《河北段大运河非遗文创产业助力乡村振兴策略研究》，《农村经济与科学》2022年第3期。

源不断的动力与保障。从物质文化角度而言，河北全省现有古遗址、古建筑群落 304 处，有国家重点文物保护单位 58 处，例如闻名全国的承德避暑山庄、山海关、沧州狮子、赵州石桥、正定隆兴寺等古迹。除此之外，河北省的非物质文化遗产的数量众多，依据相关网址分析统计，就省级非物质文化遗产来说，依时代要求变化，按照民间文学、传统美术、传统音乐、传统舞蹈、传统戏剧、曲艺、传统体育及游艺与竞技、传统技艺、传统医药、民俗等分类进行统计（不同批次称谓有所变动）。自 2006 年 6 月 6 日起，130 项第一批省级非物质文化遗产名录公布。后续 2007 年 97 项；2009 年共计 139 项，子项 173 项；2012 年共计 111 项，子项 123 项；2013 年共计 137 项，子项 152 项；2017 年共计 136 项，子项 142 项；2019 年共计 141 项，子项 158 项。

在国内众多的历史遗产中，大运河作为祖先留给我们的宝贵资源，沿线孕育了无数优秀文化，尤其是河北段大运河沿线文化遗产资源为省文化产业发展做了大量储备。河北段大运河开凿始于东汉末年，上连京津、下接鲁豫，沟通了海河和黄河两大水系，是中国大运河中独具北方特色的文化展示带。运河全长 530 千米，流经省内廊坊、沧州、衡水、邢台、邯郸 5 市，由于自然环境和人文环境独具特色，在千年流淌的历史文脉中积淀了沿线丰富的文化遗产资源，形成了多视角、多维度的综合性文化形态母体，带动了沿线相关文化产业的发展。尤其是课题组所在的沧州段大运河是河北大运河文化遗产最为集中的河段。[1] 根据《大运河沧州段文化遗产名录》统计，共收录 176 处文化遗存点。其中，包括全国重点文物保护单位 8 处、河北省文物保护单位 8 处、沧州市文物保护单位 6 处、县级文物保护单位 8 处，涵盖大运河本体在内的数量分布如表 3-1 所示。沿岸非遗代表性项目达 370 余项，其中国家级 10 项、省级 59 项、市级 190 项、县级 118 项。沿线有大量文化遗存，例如沧州市运河区的沧州文庙、沧州盐场遗址、南川楼、朗吟楼、肖庄子古砖室墓等；新华区的补山楼、清真女寺、清真北大寺；吴桥县的吴桥县衙、天宫寺、石佛寺、顺河街石碑、澜阳书院、吴桥石牛、德化寺、钱楼古镇、秦汉古城遗址等；东光县的千年古刹铁佛寺、耿家圈村遗址、连镇马家宅院、刘缪王墓、古孟村、燕友台等；泊头市的晋州古城遗址、泊头清真寺、黄骅古

---

①郝小梅、王琦、张震：《河北段大运河非遗文创产业助力乡村振兴策略研究》，《农村经济与科学》2022 年第 3 期。

城、将军府遗址、泊头火柴厂等；南皮县的南皮石金刚、张之洞墓园、北口沉船点、古皮城遗址等；沧县的兴济减河遗址、兴济张氏墓群、捷地分洪设施、岳庙、清真古寺、纪晓岚墓、前高龙华古墓等；青县的盘古庙遗址、马厂炮台、观音寺、司马庄、运河灰坝、流河赵兵部墓、铁路经水所、青云观、柳河屯沉船点等；黄骅市1处，为海丰镇遗址；此外，还包括大运河本体。

表 3-1　大运河沧州段文化遗产名录分布数量

县（市、区）	运河区	新华区	吴桥	东光	泊头	南皮	沧县	青县	黄骅
数量	29	3	16	28	26	7	25	40	1

二、燕赵文化底蕴深厚支撑产业内涵

一个能够长期良性发展的产业需要深厚文化内涵的支撑，产业内涵作为源源不断发展的动力，具有较深的挖掘潜力。文化首先是时代的集中体现，代表着民族文化特性，并具有明显的地域性。燕赵文化底蕴深厚，主要是指以河北地域为依托，历史上人与自然及由人们之间相互关系而形成的特定生活结构体系，即对河北大地上形成的物质义化、制度文化、思想观念、生活方式的总称。①

基于历史角度而言，燕赵文化作为一种区域文化，它的形成极富"传奇"色彩，产生在战国时期燕国、赵国区域内，于战国中期初见雏形，到战国后期慢慢成熟并定型。燕文化的形成与燕国报复秦为发轫点，赵文化以赵武灵王的胡服尚武为主要标志，武勇任侠的特征作为概括。赵文化后期又出现了一分为三的情况，一部分融入了雄厚质朴的晋文化体系，另一部分归入了以民本思想为主线的邢文化脉络，最后一部分则变化成邺文化，丰富的燕赵人物故事是古燕赵之地多彩文化和厚重历史气息的重要组成部分。从不同角度分析可以发现燕赵文化具有多重特征，基于独特地理环境方面，它属于平原上的农业文化；于民族传承角度而言，它属于汉族文化，但基于当下，可以发现当下的燕赵文化内涵的外延变得更加广泛，从古老的文化传承中又出现了以西柏坡精神为核心的革命燕赵文化，包括2022冬奥会张家口赛事中所体

①刘蕊编著《燕赵文化》，吉林文史出版社，2010，第2页。

现出来的新时代下的奥运文化。燕赵文化存在于当下生活的方方面面，以自己的独具特色为河北省文化文创产业提供智力支持。深厚的文化底蕴是产业发展的生产力与支撑点，河北文化创意产业的发展需要依靠燕赵文化底蕴。

三、政策全面出台保护产业良性发展

文化创意产业工作需要各级政府的多方政策支持，根据河北省文化产业的整体发展情况和市场需要，相关政府部门推出多项法规政策性文件和措施，为省文化产业的良性发展提供保障。当下相关部门工作以文创产品为抓手，在系列政策措施支持下推进产业迅速发展。

（一）政策性文件的颁发与实施

2019 年以来，省级层面相继出台了推动文化创意产业提升、文化文物单位优化文创产品开发等一系列政策文件，2020 年 4 月，河北省人民政府发布了《河北省数字经济发展规划（2020－2025 年）》并进行解读，规划提出整合全域旅游、乡村旅游、数字文物资源等，并升级"乐享河北"App 功能，体现河北文旅品牌文化。2021 年 10 月 14 日，河北省政府办公厅印发了由河北省文化和旅游厅编制的《河北省文化和旅游发展"十四五"规划》，其中第五章强调要加强对非遗资源的保护传承工作和活化利用力度。2022 年 6 月 1 日起施行《河北省大运河文化遗产保护利用条例》，首次为大运河文化遗产保驾护航，为加强大运河文化遗产保护利用，提供法治依据与保障。2022 年 12 月《天津市人民代表大会常务委员会关于京津冀协同推进大运河文化保护传承利用的决定》审议通过，随后北京、河北召开会议，自 2023 年 1 月 1 日起施行，京津冀携手推进大运河文化的保护、传承与利用工作。依托于以上政策，省内运河沿线各市区如邯郸、沧州对于非遗资源的相关工作也适时做出响应。

（二）机制优化

首先，组建四级联动的文创工作推进机制。河北省政府工作报告于 2020 年提出文创工作要建立省、市、县、景区（企业）四级联动的工作推进机制，各市（县）相关文旅部门成立领导小组，因地制宜制定工作发展方案，全面推动全省文创工作有效运转，产业园区的建设数量有所增长，景区的文创工作质量逐步提高。良好有效的工作机制在产业发展链条中扮演重要角色，是产业快速发展的保障。

（三）以赛促建

为进一步提高省文创产业的质量，促进文化经济消费热情、持续推出特色明显的文创产品，自 2019 年至今，河北省举办了共五届河北文创和旅游商品创意设计大赛，各市县区以此为依托，定时举办市县级比赛推动自身的旅游文创产品的开发与运营，凸显地方特色。各届比赛主题明确，如"文创生活乐享河北""创意河北精彩在冀""创享美丽河北·品味文创生活"等，立足河北，旨在通过赛事平台发现各类潜力巨大的文创作品。比赛的社会影响力较大，不仅省内多家公司、高校积极组织参与，还收到了来自全国各地省市的作品，参赛数量可观，质量上乘。通过赛事扩大知名度，稳步提升河北文创的创新力和品牌口碑。

第三节　河北文化创意产业本身存在的问题

　　在国家积极提倡文化建设政策的今天，河北省政府相关部门、文创企业、知名高校等社会多方力量积极响应国家政策并迅速做出反应，在体现燕赵文化的创意产业建设中成绩斐然。但同时部分问题逐年凸显，经过多番调研和相关学者的观点分析，对河北省文创产业发展影响较大的因素是资源挖掘深度问题和高端创意设计人才缺乏问题。尤其是文化资源深厚的大运河河北段沿线有大量的文化资源可以整合、挖掘，虽有政府与各级单位的通力合作，文创品牌知名度在全国排名并不靠前。

一、题材重复化，内容缺乏创意

　　文化创意产业生产中的关键点在于对题材与内容的挖掘，题材与内容的好坏会影响文创产品的附加值和市场占有率。逐年增加的量产与优质创意的不匹配矛盾突出，题材重复的现象频出，对资源内容挖掘程度不够精准，导致产品本身缺乏地域特色。

　　经过课题组的实地走访、问卷调研等形成的数据显示，河北省的相关景区、场馆在旅游文创产品的设计题材上不够有个性，存在部分产品题材选取及应用会直接采用文化资源造型，导致系列设计不够多样化，产生了题材重复化的现象。题材设计重复背后反映的是创新性动力不足、创意欠缺、文化资源转化度等问题，从而造成消费者审美疲劳的产生。进而导致文创产品出现销售困难的现象，影响相关经济的增长。从文化产业构成角度分析，河北省的制造型文化产业行业门类比重偏高，但创意文化产业门类比重较低，导致整个产品的文化附加值不高，成为文化产业结构优化升级的瓶颈。具备绝对引导力的龙头企业不够突出，没有在全国形成有影响力的文化 IP，创意设计类文化产业发展不够灵活，说明对全省文化资源的题材挖掘不够深入。需要采用合理方式对文化元素进行深度挖掘，并在最大限度上将其融入产品设计之中，是河北省文创产品开发、优化产业链条的重要环节，需要多方合理有效地对河北省优秀传统文化资源进行设计研发。

河北省文创产业的创意内容来源大多依托河北段大运河沿线的文化资源，是一个多维度、立体化的文化母体，包含着地理、历史、人文、艺术、民俗等多方面的自然与社会内容。面对如此众多的文化素材内容想要精准进行符号设计，需要形成庞大的特色符号资源库。资源库的建立要选择合理的分类标准，对众多各类符号进行有效调研、搜集并细致梳理。主要通过造型、工艺、色彩等因素将高认知度文化符号进行科学系统的编码，借鉴树状结构厘清素材之间的主次关系，形成一套共同的编码与解码规则，能够在产品设计初期及时高效将符号信息进行筛选，并选择合理有效的设计方式进行文创产品的内容创意研发。

二、注重量产制作，忽视故事内涵

河北因为地域文化资源储存量大，所以文创产品在量产方面可观，但产品设计方面缺乏内涵的理解与有效运用，文化内涵与产品设计制作之间存在矛盾。同时内涵在产品上的体现度不高，缺少地方人文特色。文创产品设计师在各类元素的挖掘提取中，较大一部分精力放在了产品造型、材质、色彩等方面，外在体现较多，而对其历史文化内涵表现有所欠缺。

文创产品是否能够创造可观的经济价值，主要取决于大众对其产品的认可与消费。好的文创产品讲好的文化内涵，设计过程需要在历史资源中选取典型，并由此采取系列开发，催生有价值的文创衍生品，让民众更好地了解到文创产品背后的内涵，达到文化传播的目的。产品设计首先要注重主题的敲定、产品表达载体的选择、市场人群定位，随后展开整体的产品设计思维，所有的一切都围绕文化内涵。让消费者在购买产品的同时，获取当地丰富的资源知识，引起消体验的精神层面共鸣。河北省的城市特色突出，在文化的整理开发中，要借鉴优秀案例，在发扬传统文化的基础之上，使更多消费者了解地方文化魅力，借助多方力量构建具有地域特色的产品文化，并在产业链条的各环节中将文化内涵宣传出去，将量产变得有深度，因此受到消费者青睐。

三、制作技术不成熟，宣传力度不强

时代技术是产业更新的重要保障，产品研发设计阶段要将新技术合理应用，河北省文化创意产品多为常规类型，如抱枕、钥匙扣、书签、玩偶，也有工艺类的部分改良作品，产品种类并不是特别丰富。在具体设计上，高端设计思想并不多见，表现形式与方式较为单调，无法给消费者带来眼前一亮的购买体验。文创产品是体现文化属性、商业属性、价值属性的产品，在竞争激烈的市场上需要种类多样，种类多样必须依靠技术，技术当下正在成为文创产品的新的销售增长点。例如2021年9月，中国建材总院在线下文创集市上展示了特种水泥、光纤传像元件和硅藻新材料的文创产品，获得了一致好评。其他企业在技术方面山东工陶院将3D打印技术和先进陶瓷结合制作文创产品，还有将玻璃微珠、玻璃纤维等材质应用于印章材料制作展现篆刻艺术的文创产品。这样的文创产品不仅开发了技术，而且传播了更深层次的文创产业发展内涵。

文创产品进入市场，需要宣传渠道增加曝光度，在课题组的调研问卷中发现，大众对文创产品的知识获取渠道并不是特别了解。文创产品具备自身的隐性价值，也就是内涵，而显性价值具体体现在产品的外观形态、材质、色彩等方面。产品在自身的功能价值、使用价值外需要强大的宣传渠道，才能具备较强的商业推广性。因此需要采用多种形式对文创产品进行推广，以前的宣传渠道有限，只能依靠报纸、新闻、移动广告等，但如今自媒体行业发达，加大了文创产品的宣传力度。各地部门、企业、高校协力进行各类研发，各自发挥优势，政府牵头、企业支持、高校智力提供，建立起合作共赢关系，不仅能够缩减开支，在产品的技术和质量方面也有所保障。在此基础之上加强宣传推广力度，提高河北省文创产业的品牌知名度，要做好定位、与时俱进、做好特色宣传，擦亮河北省文化品牌名片。

四、人才总量不足，高端创意与技术人才缺乏

文化创意产业从本质上分析是知识密集型行业，人才最重要，尤其是高素质人才，人才是文化创意产业发展的根基。通过各类方式构建高素质人才队伍是产业良性发展的必然选择和关键指标。

制约河北省文创产业发展的瓶颈在于人才。首先，政府和有关部门对于文创产业相关人员的重视程度和培养力度不够。由于制度、薪资、等因素的影响，出现了人才外流的现象。在具体的层次与结构上存在较大问题，省内为数不多的文化创意型人才多选择了京津圈，两地的各类资源更多更全面、平台的后期发展性更强、薪资酬劳方面可观，政策扶持较好，造成省内人才流失比率比较大。其次，人才的发展靠教育，持续性的人才培养与引进存在问题。省内高校众多，陆续开设了与文创创意产业相关的专业，但总体数量并不多，存在着高端创意与技术人才培养难的问题。河北省文化创意人才在数量上需要通过各种方法进行扩增，在学历层次上需要进一步提高，在结构上进行合理的调整。人才的培养涉及深厚文化底蕴、较高的艺术审美、创新思维与实践能力、市场营销能力等。进一步分析，在宏观层面上省内缺少相关较高级别、创新能力强的市场管理人才，兼具金融经济知识、市场管理及运营、艺术文化敏感度强、植根文创产业的高端人才缺口较大，直接导致了产业的整体发展受限。具体到市场层面上，文创产品的文案策划、宣传渠道、包装设计、营销手段、相关的后期统筹及推广工作都要专业人才负责，才能使市场环节运行良好。关键层面上缺少技术人才，产品的生存需要技术的研发。当下的是信息社会、需要与时俱进的创意人才，将文化资源、市场需要、科学技术统一深度融合的复合型技术人才。基于以上分析，省内院校需要做好专业定位，利用地域优秀文化资源和丰富的教学资源，借助专业课程提升、阶段性专项培训，大力培养具备创新思维的人才，并对相关单位的在职人员进行后期的进修学习，加固原有的人才基础，提高文化创意人才的专业素养。如何处理好引进与培养人才之间的关系，用政策招贤纳士、外送进修，将人才的能量发挥到极致，是河北省目前需要解决的主要问题。

第三章　河北文化创意产业的发展

五、产业链不完整，利益分配机制效率低

纵观近些年的整体发展，目前我国文化创意产业链尚处在探索期，文化创意产业市场还存在不少问题，不够成熟稳健。我国具备经济发展稳步前进、文化资源丰富的优势，但具体分析文创产业的产业链条，在运行效率和程度上也存在问题。首先就是前文提到的产品内容缺乏创意，内容创意产业在整个文化创意产业中处于主导地位，不论是方案设计环节、工厂制作阶段，还是后期的市场营销运营环节，内容作为核心点都必须跟随时代进行方方面面的创新，内容在产业链条中位置重要，它的好坏也代表着经济利润的高低，处在整个环节的上层位置，影响着中下层设计环节、制作环节、市场运营环节（如图 3-1）。

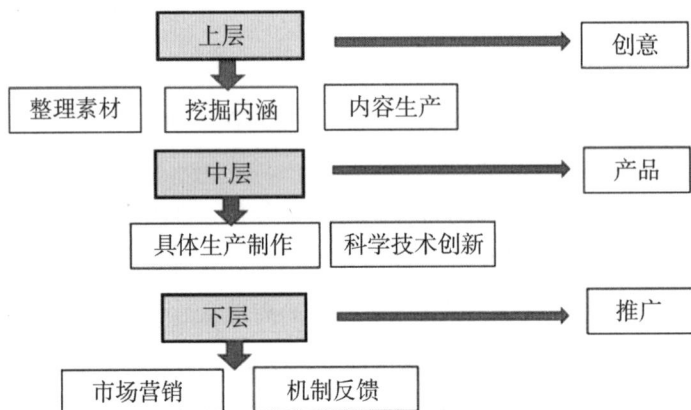

图 3-1 文化创意产业链

河北省目前在内容创意方面与其他省市存在着一定差距，从消费整体状况来分析，省内相关部门、企业对文创市场的调研及消费反馈的重视度不够，难以出现故宫文创这种具有规划性、严谨性的市场开拓意识。在具体的文创产品营销手段上不够多样化，营销能力较弱，没有形成与当下市场相契合的营销模式。市场化程度不够高难以形成良性产业链，产品的设计附加值也受到影响，未能被充分挖掘。河北省需要增强相关产品技术的整体研发能力，设计出特色明显、文化内涵深厚、创意新颖的文创产品，不断努力构建、完善适合自身发展的产业链，将研发、制作、发行、销售融为一体、分工明确，

重点攻破内容创新、策划思维、营销手段、推广方式等一系列亟待解决的问题。

文创产业作为一种新兴产业结构，在我国的发展时间并不长，但近年来在国家宏观政策的支持下，政府相关部门和社会各界协同一致，促使文化创意产业快速发展，尤其在产品类别、规模体量、从业人员等方面都有明显增长。但是在谈到利益分配、收入分配制度时，出现了以下几个方面的问题：依据分类推进事业单位改革的相关政策规定，事企分开的原则没有贯彻到位，研发文化创意产品有时不能与公益服务界限分明，企业应该作为主体参与市场竞争的情况不能被保证。"将文化创意产品开发取得的事业收入、经营收入和其他收入等按规定纳入本单位预算统一管理，用于加强公益文化服务、藏品征集、继续投入文化创意产品开发、对符合规定的人员予以绩效奖励等。研究制定具备相关知识和技能的人员到本单位附属企业或合作设立的企业兼职从事文化创意产品开发经营活动的干部人事管理、收入分配等问题的相关制度。"

第四节　文化创意产业市场发展障碍因素

一、产品传播市场狭窄

产品的传播需要广阔的市场，但从宏观层分析，文化创意产业的内涵丰富，所以覆盖面相对较为广泛，由于文创产业所涉及的领域市场起步较晚，行业集中度也不够高，尤其具有行业影响力和品牌知名度的企业较少。结合近些年的数据分析，文创产业正慢慢成为我国经济发展的新增长点，其中尤以游戏、动漫、设计等领域等为代表的新兴业态正实现快速发展，成为外贸增长的关键。同时，传统文化产业正保持相对平稳的步调前行，在数字化、网络化时代产业正逐步实现升级换代。依据国内数据和各类新闻报道不难看出，诸多一、二线城市处在建设各类文化创意产业集聚区的浪潮中，比如北京、上海、武汉、广州等建立了多个独具意义的文化创意产业基地，并吸引了大量的企业和人员前来入驻。这些产业园区借助得天独厚的各类优势，开拓市场，迅速产生了巨大的文创效应，为地方经济发展做出了突出贡献。

反观省内，在市场开拓的过程中，文创产品的市场传播、销售渠道并不多样，与一、二线城市相比，存在传播渠道单一的困境，对产业经济产生了负面影响。文创产品本身具有传承文化、传播文化、知识教育的作用，这一作用能否实现的关键在于产品的传播销售渠道是否通畅。在这个问题上有一方面的原因在于对文创产品的销售市场进行调研的深度不够，对相应销售地点的各类消费者进行市场人群定位划分的深度不够，在购买力的分析上存在问题，尤其是对文创产品作为展示地域文化的载体，所在销售地点是文化传承重要一环的认知不足。景区作为直接销售点的地位并没有显现突出优势，没有将产品的文化教育传播功能发挥到极致。例如，售卖文创产品的店面内外环境设计还有欠缺，同质化现象多见，商业气息浓厚，在地域文化展现工作上不够深入，这样很难引起游客的注意并使其愿意消费。另外，在线上同步购买程序的设计上也有所欠缺，在一众电商平台中，除了国内知名博物院有店铺开设，其余三、四线城市有线上购买平台的较少，这将传播市场中反馈、回购的中高需求截断，对后续文创产品开发也产生了不良影响。对于地域文创品牌与形象进一步传播产生了一定程度上的阻碍。并且在常见的各类车站交通枢纽、酒店等游客必经之地多出现的是特产的售卖，对于文创产品的展示在市场占有量上就存在不足。市场的销售渠道单一狭窄，需要挖掘新的销售方式与地点，让外地游客能够随时随地体验到城市文化，改善游客消费体验。例如当下大火的淄博烧烤同款琉璃文创产品在设计、包装、售卖上及时做出反应，淄博的琉璃制品在唐代尤其发达，借助当下的浪潮，体现了地域文化的精髓。

另一个影响销售的原因是部分地区对相关文创产品销售人员文创知识的培训不够具体、不够系统，在面对游客的深度询问时，无法进行专业、全面的讲解与介绍，不能将文创产品的设计内涵、设计题材思路、制作工艺等及时传达给消费者，这样会从一定程度上降低消费者的购买欲望。

二、品牌衍生领域信息不对称

品牌对于文创产品来说是系统文化的集合与体现，而顾客需要品牌的原因在于信息不对称。

"信息不对称理论"是美国经济学家乔治·阿克勒夫在 1970 年首先提出来的，用以说明相关信息在交易双方中的不对称分布对于市场交易行为和市场运行效率所产生的一系列重要影响。

作为 2001 年诺贝尔经济学奖得主的乔治·阿尔兑洛大正是因为在二手车市场上进行研究才发现了该理论，市场上卖方比买方掌握更多的关键性信息，在讨价还价的过程中，顾客一旦发现自己处于下风时，会不停地压低价格，超出卖家的收购价格，这种情况会造成的恶性结果是卖家提供的二手车质量越来越差，买家也得不到相应的利益，对市场造成了过多的影响。对此，阿尔克洛夫建议卖家应该通过卖优质二手车来建立声誉，大大降低交易成本并可获得一定的溢价，声誉经过一系列的设计及法律程序，也就成了我们当下所谈论的品牌。因此信息不对称是产生品牌的根源，也是获得溢价的前提。

信息不对称理论对品牌价值有着重要影响。在产品的购买环节中，主要是品牌保障价值发挥作用。保障价值指在购买产品过程中，商家与顾客之间存在着一定程度上的信息不对称，例如当顾客对产品材质、功能等问题不明确时，就会处在信息劣势地位，这样会影响顾客的购买意愿和购买行为，不利于产品快速顺利地售出。河北文创市场应该参考产品的品牌保障价值，在发生购买活动前，向购买者提供更多关于文创产品的有效信息来弥补信息差，当购买者对产品的信息掌握得越多，就会越有利于产品的销售。

三、知识产权保护机制不规范

当下是知识经济高速发展的时代，创新的作用不言而喻。在文创市场发展中，知识产权作为软实力是国际竞争力的关键，是鼓励创新的保障，能够维护好市场的良性秩序。但是当下国内文创市场上还存在创意抄袭、价值评估体系不健全等问题，河北省同样存在一系列问题。

首先，创意抄袭现象多发。文化创意产业讲求创意为"先"，将内容或"故事"作为产业发展核心，促使产品的设计与制作，带动产品的市场运营，依据销售额计划是否通过后续系列文创衍生产品的开发，形成多效产业链。产业链是通过创意的"价值扩散"来实现的。创意是核心价值，但是对于创意产权的保护问题一直存在争议。版权制度强调"版权只保护创意的表达，而不保护创意本身"。当下现行的知识产权保护机制对创意的本身无法进行保护，这就导致在文创市场上出现了创意抄袭现象。根据我国相关法律："著作权法所称作品，是指文学、艺术和科学领域内具有独创性并能以某种有形形式复制的智力成果"[1] "智力活动的方法和规则，不能被授予专利权"。[2] 而创意属于智力成果、活动范畴。从这里可以看出，我国现行法律法规对创意的保护还存在一定的障碍。国外某些发达国家因为文创产业起步较早，所以存在着较为完善的对知识产权的保护，为层出不穷的文创产业创意提供了保障。

---

①《中华人民共和国著作权法实施条例》第 2 条规定。
②《中华人民共和国专利法》第 25 条规定。

但是在国内的相关认定程序中，关于创意成果的保护并不健全，存在着一定程度上的空白。例如影视行业、音乐领域、广告设计、时尚设计等都存在着主题创意抄袭、著作侵权的现象。作为发挥重要作用的创意环节屡屡受不到法律的保障，法律对于抄袭、模仿现象不能及时做出相应处罚，创意行业人员的创新积极性得不到有效保护，对创意产业的发展产生不利影响。河北省在文创市场上对知识产权的保护机制还在建设当中，《河北省知识产权保护条例》由河北省市场监督管理局于 2023 年 2 月 17 日印发征求意见稿。

国家相关部门面对此问题，正在逐步完善法律法规，2021 年 10 月《"十四五"国家知识产权保护和运用规划》正式发布，并与 9 月的印发的《知识产权强国建设纲要（2021－2035 年）》一同对知识产权进行了顶层设计，站在更高的位置上推动国内相关知识产权事业的高质量发展，为建设创新型国家提供了保障。2022 年两会期间，关于知识产权的提案也被频频热议，政府工作报告上同样提出强化知识产权保护工作。尤其是全国政协委员、网易公司 CEO 丁磊提交提案《关于搭建全球知识产权数字交易平台激发社会创新活力的提案》，建议由国家牵头搭建全球知识产权交易平台，针对文创 IP、芯片、数字影音等重点知识产权领域，形成明码标价、按需收费、公平合理、售后完善的全球知识产权定价和交易体系，激发全社会的创新和创造力。加大对新型侵权盗版行为的惩处整改力度，建立侵权黑名单，维护知识产权所有人的合法权益。这些提议对国内的知识产权保护工作起到了推动作用。

其次，在知识产权价值评估体系与商务平台的建设管理上存在部分问题。评估管理存在问题必然会从一定层面上影响文化创意产品的价值运用，对产品在市场内的发展产生破坏作用。文创产品开发核心点在创意，创意的好坏对市场占有率有意向，创意产业知识产权的归属方，能够得到预期的超额收益。对知识产权的处置，可以为权利人带来一定的经济利益。这些都需要知识产权价值评估体系与商务平台的介入。根据近年来的各种产权纠纷案件，大众越来越认可知识产权的价值，相关部门机构也逐步具备了法律知识。但在逐步积累知识的发展中，这些体系和平台的服务跟不上文创产业市场的发展速度，建立知识产权交易商务平台的省市也不占多数，这对知识产权在市场汇总和流转产生了阻碍，对文创企业的发展产生不利影响。

四、政府政策支持力度应持续加强

在当下社会体制与文化体制中，政府及相关部门对文化资源的整体宏观把控力度较大，因而在文化创意产业的发展中地位重要，扮演角色多样，既是市场的监督者、指引者，也是产业发展的协调者。面对人高端创意与技术人才缺乏、产业链不完整、利益分配机制效率低、产品播出市场狭窄、知识产权保护机制不规范等一系列问题，就需要政府进行产业顶层设计规划，发挥自身作用，有效带动地方文创产业经济的增长。政府应该立足河北优势，持续挖掘利用各类文化资源，对文创产业的建设要讲究整体设计规划，保持发展规划逐步实行，确保产业的发展方向正确、目标明确，为产业文化的深度发展提供较多的市场空间。需要系统化、整体化的思维模式推动产业建设，从宏观到微观，站在整体区域协同发展的角度上合理配置各市有效资源，将各地旅游文创产业进行优化升级。

一方面，应该对当下产业布局进行持续改进，对现有的文化资源进行逐步整合，建立省市县乡四级共享资源库，协同相关企业与高校对资源进行开发设计，加大文化资源在实体经济、电商经济中的转化力度，推进文创产业进一步发展，拓宽产业的发展空间。另一方面，持续性加强对文化产业创新能力的配套政策支持，使优势产业走在前，带动弱势产业的发展。对比其他省市，河北省的各类文化创意企业的市场扶持政策近年来有所抬头，起步较晚，文化产业新业态体量不大，数字游戏的推广也存在问题。对比武汉市的文创产业建设之路，政府早年就将动漫产业纳入了文化建设之中，各类动漫基地、Cosplay秀场、多主题动漫节为武汉市经济做出了贡献。尤其在2009年就将动漫产业纳入战略性新兴产业，并设置了专项扶植资金，大力支持动漫游戏的孵化、生产、人才培养基地的建设与国内动漫交流交易中心的启动，如此持续性的政策支持，仅到2018年产业总值就超过85亿元，近年来武汉的动漫公司参与多项大制作动漫电影，产业总值持续攀升。

河北省文化企业创新内驱力不足、文创产品附加值低、劳动生产率偏低、导致产品的整体核心竞争力不具优势，这些都成为制约河北文化创意产业发展的关键因素。数字文化、创意设计等新业态发展迟缓，缺少相应的引导和扶持政策。亟须给予盈利能力强、发展潜力好的文化创意类企业相应支持政策，引导其做强做大。

五、市场环境存在诸多问题

综合来看，目前国内各省市的文化创意产业依旧处于发展初期，市场环境要获得长期有效、可持续性的良性发展，相关部门和业界就要共同努力，持续优化完善文化创意产业良性发展秩序，持续增强产业核心竞争力。

各类新兴文化创意的新业态纷纷出现，加大了地方产业的投资热情和区域经济在一定时期内迅速攀升，但其中也出现了管理机制科学合理性较弱、产业发展整体规划不平稳、新企业难以长效发展等一系列问题。市场环境需要政府与企业"双向奔赴"，政府需要统筹完善政策体系，在宏观层面上要充分尊重市场规律，能否发挥自身的宏观调控作用，为产业规范健康发展提供政策、财政、公共服务等方面的支持；能否鼓励并引导推动文化创意产业及时接受市场环境的检验，持续向高效、创新、特色目标发展。能否对投融资准入门槛设计合理，规避风险又能均衡市场的资金流动及走向，使得行业能够健康持续地发展，这都是影响市场环境长期高效发展的因素。于企业而言，河北省目前缺少一大批文化创意实力强、市场服务意识反应快、设计制作团队精、产品运营手段多样化的龙头示范性企业，产业结构的优化升级进程不快。

针对当下市场问题，政府应与企业共同创造良好的市场环境，借助多样市场手段促进文化资源实现有质量的优化配置，利用京津冀区域优势，将创新要素引进来；加快完善知识产权保护制度的步伐，为智力成果及时提供保障，推动文化创意产业进行改革创新；重视文化融合工作机制和产业合作机制的作用，使得文化创意产业跨学科融合工作顺利进行。

第五节 河北文化创意产业的特色之路

一、夯实民族文化根基，扩大燕赵文化影响力

中华优秀传统文化是中华民族的根和魂，是我们的祖先在几千年的历史中创造和延续的智慧结晶。文化创意产业的长期发展及创新都需要深厚的民族文化内涵做支撑，从故宫文创中就能看出，文创产业的各类市场定位、产品内涵彰显、外观形式等都离不开传统文化。当下处在"新文创时代"，数字文创产业迅猛发展，传统文化依靠自身气质并未失去对青年一代消费者的吸引力。中华优秀传统因受多元文化相互融合的影响，文化底蕴更为深厚且历久弥新。文化创意产业的出现，为传统文化在新时代的与时俱进提供了新的契机，赋予新的商业价值，并推动各类文化的有效传承、保护、创新。

近年，河北经过集中爆发性的发展，在文化创意产业方面取得了一定的成绩，但也存在着创新不足、过度抄袭的关键问题。省内文化资源丰富，仅河北段大运河沿线就积淀了丰富的文化遗产资源，形成了综合性文化形态母体，带动了沿线相关文化产业的发展，文化遗产具有不可忽视的重要价值，发展彰显燕赵文化精神内涵的产业发展之路已经成为其必然选择。

民族文化的精髓在于文化精神内涵，任何文化精神都是在特定生存背景下逐渐沉淀的。春秋战国时期，燕赵两国因地域相邻，处境、生活方式相似度较高，这为两国文化的融合、渗透起到了铺垫作用，成为燕赵文化构成的基础。燕赵文化内涵是河北人民的精神食粮、精神标识、根脉源泉，面对文化产业发展的诉求，面对河北文化品位的亟待提高、面对河北文化软实力的建设需要，持续开发燕赵文化、弘扬燕赵精神无疑是最佳选择。这样能够真正带来河北风貌的提升，将燕赵文化资源持续做到品牌化、创新化，才能够

拥有更多的影响力。

面对竞争激烈的文创市场，河北文创产业需要以燕赵文化精神资源为起点，将燕赵文化精神逐步形象化，将建筑遗址、非遗工艺、美食服饰经过创新设计展示燕赵文化，提升河北文创形象。借用"互联网＋"的优势，对燕赵文化精神进行新包装，例如可以在河北文化的影视动漫设计中加入多种高科技手段，扩大河北文创的市场占有率和宣传力，做到创新性拓展市场。整合利用现代新媒介，例如公众号、抖音、小红书等平台进行河北文创的传播，多方占有市场；也可以选择直播形式与大众进行实时交流互动，使得品牌形象深入人心；还可在这些平台进行相关广告推送，激发平台用户的探索欲，进而依据大数据特点，展现更多的燕赵文化内容。

现代技术为传统文化的传承与展现提供了更多可能，将燕赵文化精神内涵传递到更广阔的范围中。例如，为迎接 2022 年第 24 届冬季奥林匹克运动会，张家口通过策划各类文化活动、让全国乃至全世界了解了燕赵文化、对中国传统文化有了更深层次的认知。新时代下文创产业的开发面临着更多的机遇与挑战，需要加大对燕赵文化精神的宣传力度、深入挖掘当地资源、增加创新性产品研发和对品牌化的极致追求，推动燕赵文化精神不断前行。

二、转变产业发展模式，产业发展中几个关系的处理

调整文化创意产业结构、改革经济增长方式转变的关键在于产业发展模式的可持续性创新和发展。国内外的文创市场创意层出不穷、瞬息万变，河北省文创产业需要通过转变产业发展模式，处理好产业发展中的关系来进一步加强自身的有效竞争力。

（一）内容生产和传播渠道的整合

前文提到文创产业的内容占据举足轻重的核心地位，文创产业是以"内容为王"的产业，内容的创新影响产业发展，无形的文化依靠文创产品作为载体在市场中进行传承与传播，文化产业可以被理解为内容和渠道的统一集合体，所以内容生产和传播渠道这一对关系在产业发展中要格外注意。传播渠道的好坏影响内容功能发挥，内容生产的好坏影响传播渠道的宽窄。政府

需要持续建设统一开放、竞争有序的良好文化市场体系，将文化传播渠道建设放在更加合理突出的位置，加强地域之间产业发展交流，借助地域京津冀地域优势，吸收北京、天津较好的设计创意，加强文化之间的传播。要及时分析、调整以内容生产为主的企业和以渠道传播为主的企业的优劣势。如此一来，内容生产才更容易走得长久，渠道多样也才能够在短期内迅速扩大企业规模与实力。从产业体系的完整角度来说，加强内容创新、拓宽传播渠道是文化产业功能布局的重要方面，能解决现今文化产业发展的实际困境。

（二）厘清文化与经济的关系

根据近年来相关产业数据的统计，文创产业所带的经济效益迅速走高。根据国家统计局 2023 年 1 月发布的数据，整个中国市场，2022 年全国规模以上文化及相关产业企业实现营业收入 121805 亿元，比上年增长 0.9%。在民众不断地增强文化自信的今天，文化和经济之间相辅相成的关系得到越来越多的认可，文化事业对拉动地区经济增长贡献巨大。当下是以数字技术为主的时代，"大数据""云计算""物联网"等新词汇充斥社会生活，那么带来的结果便是传承和传播文化的载体不再是单纯的纸媒，传播文化的载体具备了多元化特征、多样性属性。产业之间讲求融合，文化产业业态类型较多，能够快速地与旅游业、信息业等进行融合开发。而集聚大量影视、动漫、游戏、综艺等领域的文化内容已经成为相关产业的供给源泉，文化创意产业需要将大量的历史文化资源经过创意设计"移植"到各类文创产品之中，提高文创产品的文化附加值，产生更多的经济效益。文创产品需要经过资源挖掘、整理、开发、利用等环节才能顺利进入市场传播与消费。每一个环节都与相关经济产业联系密切，例如前期文创产业依靠涵盖大量影视、印刷等生产设备的制造业、后期传播需要各类手机、计算机等电子设备制造业。可见文化与经济的关系密切，好的文化能够推动经济良性发展。

（三）科技融入与文创产业的关系

作为新兴产业，文化创意产业整体来说是以科技为支撑，放眼全球，运用现代科技手段的行业的数量较为可观：动漫电影、游戏制作等本身需要介入高科技手段，例如之前大火的由霍尔果斯彩条屋影业有限公司出品的动画电影《哪吒之魔童降世》票房突破 50 亿元，大量的打斗镜头借助科技手段制作精良。高科技在选材、工艺、制作等方面都为文创行业带来了更多可能性，可以突破旧有形式，体现创新内涵。部分文化行业作为文创产业的支撑，比如手机电脑制造、VR 虚拟技术、3D 影像技术、平面网络本身就是以高科技手段为依托存在的。

在文化产业的集聚整合中，就要考虑科技手段在相关行业的独特功能和要求，适时开拓产品消费市场。

三、完善产业投融资模式，保障文创产业迅速发展

文化创意产业融资是指文化创意产业主体的资金筹集行为和过程，可分为债务性融资、股权性融资以及项目融资等类型。纵观河北省文化创意产业存在过多依赖国有经济推动的局面，在投融资渠道多样化、财政投入力度速度、投资体制机制健全等方面都存在或多或少的问题。河北省政府要对整体文化产业发展进行规划，对发展中出现的问题重点解决。2022 年河北省文化和旅游厅会同省发展改革委、省财政厅等八部门制定了《关于金融支持河北省文化产业和旅游产业高质量发展的若干措施》，提出搭建线上金融服务平台、设立专业金融服务机构、加大金融支持文化和旅游消费、建立文旅企业金融顾问制度、畅通银企对接机制、建立跨部门联动机制、强化文旅金融服务激励机制等 16 项政策措施，发挥金融赋能作用。

河北省应该持续性完善产业投融资模式，一方面，政府起到带头作用，充分发挥鼓励、扶持和引导作用，在顶层制度设计上要不断加强，对融资环境进行合理调整与优化，省文化创意产业的发展需要资金的大量支持，融资环境及制度的改善有利于资金的注入。同时，政府需要调整整体投资方向，将资金的有效性发挥到位。财政可以加大对示范性文化创意产业项目的补贴，扩大其影响力，带动产业发展。还可以对文化创意产业的信用保证方法和体系加强建设，能有效解决文化创意企业投融资问题。另一方面，加大金融行业与创意产业的有效对接。银行贷款是文化创意产业融资的主要途径，各地银行在贷款业上可进行业务调整，加大对知识产权质押贷款的力度。学者张玉敏在《河北省文化创意产业投融资问题及对策研究》一文中指出："融资途

径可以参考融资租赁。融资租赁是企业进行长期资金融通的一种有效手段融资租赁是一种以融资为直接目的的信用方式，它表面上是借物，实质上是借钱，只是以租金的方式分期偿还罢了。文化创意企业目前普遍存在的设备、设施、技术平台的租赁，具有按揭的特点。这就可以使文化创意企业在现有的条件下，运用融资租赁的方式，满足其融资的要求。"①

　　河北省的文化创意产业发展之路任重道远，剖析文化创新的本质，终归还是文化有效传承领域内问题的研究。河北省文化创意产业发展近年取得了不少成绩，但也存在诸多问题，这表明河北省文创产业的发展具有上升空间。在国家大力支持文化发展、省政府出台一系列实施方案的今天，河北省文化创意产业的发展会继续走高。

---

　　①张玉敏：《河北省文化创意产业投融资问题及对策研究》，《商业时代》2013 年第 15 期。

第四章

融合大运河非遗资源的河北文化创意产业发展路径

第一节　河北段大运河沿线文创产业发展现状和规模研究

千年运河孕育了无数宝贵的文化资源，中国大运河流经八省市，集京津、燕赵、齐鲁、中原、淮扬、吴越等文化形态于一体，均属当代中国人文荟萃之地，是探求中华文明轨迹的重要线索。流经的每一个区域都秉承着固有的、独特的地理与文化特质，生生不息地传承着"动人的、文明的乡愁"。保护好大运河，不仅仅是依据 2014 年的现况保护好沿线真正具有历史价值的文物遗存，更重要的是，将大运河沿线的文化资源充分挖掘利用，使大运河文化产业随着沿线所有地区社会经济的改变而与时俱进、发展性传承。

经济全球化和南北文化交融的趋势是挑战，更是机遇。面对大运河文化传承与创新这一热议话题，文化创意产业是一条可持续、发展性传承的重要途径。文化创意产业是在经济全球化背景下应运而生的、以创造力为核心的一种新兴产业，我国将大运河文化带建设列入"三大战略"，从政策高度支持、服务、推进文化创意产业和文创设计发展。从 2014 年"故宫文创系列"的成功开发，标志着中国传统文化对文化创意产业的深度融合，同时有力印证了文创产业对公众精神生活需求的重要性。大运河文化是一种影响沿线居民日常生活的文化力量，文化带拥有丰富多彩的文化遗产。其中非物质文化遗产资源极其丰富，为文创产业发展研究提供有效支撑。

一、产业发展现状

从古至今，大运河带动了沿线城市的经济、政治、文化交流；当今社会，文化创意产业的发展又对大运河沿线城市的经济做出了显著贡献。2017 年 9 月 17 日，"国家文化产业创新实验区高端峰会"在中国传媒大学国际交流中心举办。在峰会重要的分论坛——"大运河文化带研讨会"上发布了《大运河文化带调研报告》，数据显示：2016 年，大运河沿线八省（市）GDP 总量为 328469.77 亿元，占全国比例为 44.14％；人均 GDP 为 65252 元，高于全国平均水平 11436 元；其中首都北京的 GDP 位居榜首，浙江、江苏、安徽、山东四省的 GDP 均位居全国前五名，是国家经济发展的中流砥柱。

根据 2017 年发布的《大运河文化带调研报告》显示，2016 年，大运河沿线八省（市）文化产业增加值超过 1.65 万亿，约占全国的 53.62％；文化产业增加值占 GDP 比重为 4.95％，比全国平均水平高出 19.57％。北京市处于引领地位，其文化产业指数、文化消费综合指数、知识城市竞争力指数均排名第一。

国家统计局社科文司统计师辛佳，解读 2020 年全国规模以上文化及相关产业企业营业收入数据时指出，即便是在受疫情影响较为严重的时期，2020 年大运河沿线八省（市）GDP 总量仍达到 420533 亿元，约占全国的 41.4％，同比增长总和为 22.7％，人均 GDP 总和为 733675 元（如表 4-1）。据央视客户端相关报道，2020 年全国规模以上文化相关产业、企业营业收入实现 98514 亿元，比 2019 年增长 2.2％。据国家统计局数据，通过对全国 6 万家规模以上文化及相关产业、企业的调查，2020 年，上述企业实现营业收入 98514 亿元，按可比口径计算，比上年增长 2.2％（前三季度下降 0.6％）；文化新业态特征较为明显的 16 个行业小类实现营业收入 31425 亿元，增长 22.1％。

表 4-1　2020 年沿线八省（市）文化产业相关数据

	排名	2020 年 GDP（亿元）	2019 年常住人口（万人）	人均 GDP（元）
全国	—	1015986	140384.89	72371
北京	1	36103	2153.6	167640
上海	2	38701	2428.14	159385
江苏	3	102719	8070	127285
福建	4	43904	3973	110506
浙江	5	64613	5850	110450
广东	6	110761	11521	96138
天津	7	14084	1561.83	90176
重庆	8	25003	3124.32	80027

	排名	2020 年 GDP（亿元）	2019 年常住人口（万人）	人均 GDP（元）
湖北	9	43443	5927	73297
山东	10	73129	10070.21	72619
内蒙古	11	17360	2539.6	68357
陕西	12	26182	3876.21	67545
安徽	13	38681	6365.9	60763
湖南	14	41781	6918.4	60391
海南	15	5532	944.72	58557
四川	16	48599	8375	58029
辽宁	17	25115	4351.7	57713
河南	18	54997	9640	57051
宁夏	19	3921	694.66	56445
江西	20	25692	4666.1	55061
新疆	21	13798	2523.22	54684
西藏	22	1903	350.56	54285
云南	23	24522	4858.3	50474
青海	24	3006	607.82	49455
贵州	25	17827	3622.95	49206
河北	26	36207	7591.97	47691
山西	27	17652	3729.22	47334
吉林	28	12311	2690.73	45753
广西	29	22157	4960	44671
黑龙江	30	13699	3751.3	36518
甘肃	31	9017	2647.43	34059

从不同行业类别来比较分析，在文化及相关产业 9 个行业中，新闻信息服务营业收入 9382 亿元，比上年增长 18.0%；创意设计服务 15645 亿元，增长 11.1%；文化消费终端生产 18808 亿元，增长 5.1%；内容创作生产 23275 亿元，增长 4.7%；文化投资运营 451 亿元，增长 2.8%；文化装备生产 5893 亿元，增长 1.1%；文娱休闲服务、文化传播渠道、文化辅助生产和中介服务 3 个行业分别下降了 30.2%、11.8% 和 6.9%。

从不同产业类型来比较分析，文化制造业营业收入 37378 亿元，比上年下降 0.9%，降幅较前三季度收窄 2.9 个百分点；文化批发和零售业 15173 亿元，下降 4.5%，降幅收窄 5.5 个百分点；文化服务业 45964 亿元，增长 7.5%，增速提高 1.5 个百分点。

作为新兴业态的文化创意产业，所带来的联动经济效益十分可观，有效地拉动了地区经济的增长（如表 4-2 所示）。依据 2023 年发布的对 2022 全国规模以上文化企业收入已经超过 12 万亿元，由此可见文化产业潜力巨大，对国家经济发展做出了较多贡献。

表 4-2　2020 年全国规模以上文化及相关产业企业营业收入

		绝对额（亿元）	比上年增长（%）		所占比重（%）
			全年	前三季度	
总计		98514	2.2	−0.6	100.0
按行业类别分	新闻信息服务	9382	18.0	17.0	9.5
	内容创作生产	23275	4.7	4.1	23.6
	创意设计服务	15645	11.1	9.0	15.9
	文化传播渠道	10428	−11.8	−16.5	10.6
	文化投资运营	451	2.8	0.2	0.5
	文化娱乐休闲服务	1115	−30.2	−39.9	1.1
	文化辅助生产和中介服务	13519	−6.9	−9.5	13.7
	文化装备生产	5893	1.1	−3.4	6.0
	文化消费终端生产	18808	5.1	0.8	19.1
按产业类型分	文化制造业	37378	−0.9	−3.8	37.9
	文化批发和零售业	15173	−4.5	−10.0	15.4
	文化服务业	45964	7.5	6.0	46.7
按领域分	文化核心领域	60295	3.8	1.5	61.2
	文化相关领域	38220	−0.1	−3.8	38.8
按区域分	东部地区	73943	2.3	−0.4	75.1
	中部地区	14656	1.4	−1.5	14.9
	西部地区	9044	4.1	0.9	9.2
	东部地区	872	−8.6	−15.9	0.9

2021 年全国文化产业的企业营收额增长了 16％，尤其是创意设计服务行业增速较快，创意设计服务营业收入为 19565 亿元，同比增长 16.6％，占比 16.4％；从 2014 年至 2019 年这五年时间，我国文化创意产品的市场规模从 251.15 亿元增长至 744.20 亿元。2020 年，北京、天津环渤海的文化创意产业区，以及辐射苏州、南京、杭州等长三角文创产业区等城市经济增长较快。截至 2021 年，北京、山东均在文化创意类企业数量增速 TOP10 当中。

河北位于华北平原，中环京、津两市，西倚太行与山西交界，北枕燕山与内蒙古、辽宁接壤，南连山东、河南两省，东临渤海。作为京津的门户，其交通枢纽地位明显，首都北京经河北联系全国各地，是东北地区联系各省市的便捷要道，也是山西、内蒙古及西北诸省区北方出海的通道。

河北境内地域文化积淀深厚。据《禹贡》记载，夏朝划分全国为九州，冀州为九州之首，河北这块土地就属古冀州。现今河北境内，北有燕国之地，南有赵国之域，燕赵之称来源于此。唐朝"河北"作为大行政区，因位于中国第二条大河黄河下游之北而得名。

大运河河北段上连京津，下接鲁豫，由北运河、南运河、卫运河、卫河及永济渠遗址组成，总长 537.1 千米，包括京杭大运河 497.1 千米（北运河、南运河、卫运河、卫河）、隋唐大运河 40 千米（永济渠遗址），涉及河北省廊坊、沧州、衡水、邢台、邯郸等 5 市，包括香河、青县、沧州市运河区、沧州市新华区、沧县、南皮、泊头、东光、吴桥、阜城、景县、故城、清河、临西、馆陶、大名、魏县等 17 个县（市、区），以及白洋淀—大清河流经雄安新区的安新、雄县、廊坊市的文安、霸州，共 21 个县（市、区），拥有全国重点文物保护单位 19 处，省级文物保护单位 9 处、国家级非物质文化遗产 16 处，省级非物质文化遗产 100 处。

在立足文化保护传承利用工作的基础之上，河北省相关部门为运河沿线的文创产业发展做出了诸多努力。河北段大运河沿线城市乡镇众多，各地政府相关部分一直在推进沿线文创资源的挖掘、传承与利用。法律法规的完善、宏观发展规划、文创产业模式的升级、力求品牌建设等，在此工作上，河北段大运河沿线文创产业取得了一定的成绩。相关部门报告中可以看出，推动全省大运河文化保护传承利用工作取得了一批实质性甚至标志性的工作成效。

（一）文化遗产保护取得重要进展

2022 年 6 月 1 日，《河北省大运河文化遗产保护利用条例》正式实施，是继浙江之后第二个出台的省级法规。这些年，开展了泊头清真寺、邢台朱唐口险工、衡水郑口挑水坝等一批重点文物保护工程，持续推进大名府故城、徐万仓遗址、清河贝州城遗址等考古勘探工作。

（二）大运河实现通水通航

2021 年 6 月，北运河廊坊段实现了旅游通航，今年 6 月底北运河廊坊段与通州段将实现互联互通，成为京津冀协同发展的一项重要成果。2022 年以来，大力推进南水北调东线一期北延应急供水调水工作，4 月 1 日，南运河实现了全线通水。

（三）文旅融合项目建设加快推进

沧州市吴桥杂技文化产业园、东光县连镇谢家坝水工博物馆等一批重点项目开工建设。衡水市阜城县运河沿岸绿化植树造林 6800 亩，董子文化园主体工程竣工投入使用。邢台市清河县京杭大运河左岸景观等项目建成投用，临西县贡砖文化产业园项目开工建设。邯郸市有序推进永济水镇、大名府故城国家考古遗址公园等项目前期手续办理和工程建设。雄安新区白洋淀景区经过升级改造重新开放营业。

（四）文化价值研究逐渐深入

2019 年 7 月，沧州师范学院成立了大运河文化研究中心，经过资源整合、团队建设和成果创新，2022 年 12 月获批河北省大运河文化研究基地，与河北省社科院共建共享。河北大学、河北师范大学成立了河北省大运河文化产业研究院、河北省大运河创新发展研究中心，研究挖掘燕赵大运河文化精神内涵。大运河主题网站、大运河非物质文化遗产数据库和大运河数字云平台为主体的大运河数字化平台基础建设接近完成。

二、产业发展的不足

在取得阶段性成绩的同时，河北省文创产业的发展格局中，产业定位、请示品牌塑造、协同机制合作、人才后续储备等方面尚存在一定的不足。

（一）对文化创意产业认识定位不准，导致发展水平不高不均

河北省拥有丰富的历史文化资源，以大运河河北段为例，河北段占整个京杭运河的近2/7，其中沧州段占近1/7。沿线文化遗产非常丰富，但相关文化创意产业利用不足、发展不均。相比沿线省市，尚属薄弱。近年来，河北省文化创意产业在经济中是占比虽有所提高，但是文化创意产业缺乏系统性、规范性经营，以品牌企业为导向的产业链尚未建立，缺少突出的文创品牌和富有创意的文化产品。以上种种，制约着河北省文化创意产业的发展与提升。文化创意产业需要有准确的定位和长远的发展规划，相关部门要通过认真分析、研究各地域文化资源，科学合理地布局文化创意产业集群，逐步提高河北省产业结构中文化创意产业的比重；同时，要突出地域优势，避免同质化，打造具有区域地方特色的创意产业。

（二）河北特色文化创意品牌不多不强，未充分利用和彰显地域文化优势

河北省文化资源多样。历经千年的积累与流变，诞生了丰富多彩的民俗艺术形式。其中武强年画、衡水内画、辛集农民画、昌黎烫画等画种闻名全国，定窑、邢窑、磁州窑、井陉古窑制陶艺精湛，手工艺品包括有大名草编、饶阳景泰蓝、永清扎刻、紫铜浮雕、胜芳花灯、曲阳石雕、蔚县剪纸等；艺术剧种有河北梆子、评剧、北昆、临西乱弹、武安洛子、青县哈哈腔等。全省现有古遗址、古建筑群落304处，有国家重点文物保护单位58处，现有历史文物遗存1.2万余处，世界文化遗产3处，国家级历史文化名城4座。历史文物与陕西省并列全国第一，自然和人文景观资源总量居全国第2位。其中著名的有承德避暑山庄、万里长城之首山海关、清东陵、清西陵、隆兴寺、满城汉墓、赵州石桥、广惠寺华塔等。

河北省具有河北特色的文化创意品牌相对较少，尚未深刻发掘具有河北

地方特色的素材，充分发挥传统文化资源大省的优势。产业虽初具规模，但是依然处于起步阶段，对传统优势地域文化资源利用不充分。各地市经济发展不均衡，经济发展势头良好的地区，文化创意产业发展迅猛；有些经济发展相对落后的区域，制约了文化创意产业的产业化进程。总体而言，地域特色品牌文旅精品项目数量不足。应充分发掘利用河北特色的传统地域文化资源，充分发展民俗文化创意品牌，推动文化创意产业的市场化、商业化的深入开展，进而实现文化的发展性传承。

（三）政策缺乏系统连贯，管理缺乏统筹协同

河北省文化创意产业的发展离不开政府在政策、资金上的扶持。为响应国家对文化产业重视度的不断提高和政策的颁布，河北省相继出台了一系列文件、措施，逐步打造整体化、系统化、规范化的政策体系，有利于助推河北省文化创意产业的纵深发展。但是，文化创意产业因其产业的综合性和特殊性，涉及的社会领域较多，需要借助政府力量协调各个部门、机构、高校、企业积极联动，有力配合。目前，管理部门尚存在分割化现象，政策的制定缺乏系统性、连贯性，政府职能部门之间相互协调步伐不一致、沟通渠道不畅、不足。急需上级提起更充分的重视，各相关部门管理协同一致，积极配合工作将文化创意相关政策贯彻到底，才能大力助推河北省文化创意产业的发展。

（四）产业缺乏创新人才和高端智库支撑

人才的智力支持对于传承和发展文化创意产业十分重要，文化创意专业人才的匮乏是制约河北省文化创意产业发展的关键一环。根据近年相关文创比赛可以看出，政府和有关部门对创意文化产业专业人才的培养力度相对不足，难以出现高端人才，培养渠道相对狭窄，智库建设速度较慢。因制度、酬劳、环境、赛制等多方面因素影响，文化创意人才的外流现象普遍存在。人才是文化创意产业发展的根基，河北省文化创意人才队伍建设在数量上需要增加，在质量上需要提高，在结构上需依需求及时调整。要拓宽人才培养和吸纳渠道，从基础教育抓起，将文化渗透和研学体验相结合，将培养和引进相结合，将人才的理论、技能和创造性能量发挥到极致，形成强大的人才

个体和丰富的智库群体。

（五）资金储备不足，各方投入多寡不均

河北省文化创意产业的基础设施跟进不足，导致其发展的规模不大。特别是资金投放方面不够合理，整体呈现相对分散的层面，在一些"吸睛"领域投放不足，在另一些出彩度不够的领域又存在重复投放。而文化创意产业发展自有资金储备不足，企业缺乏造血能力，资金投入过度依赖政府，影响了文化创意产业的后续发展。

三、产业发展的制约因素

在此困境之上，只有合理分配与文化创意产业相关的资金，扶植一批有特色有前途的文化创意产业，力争把好钢用在刀刃上，才能助推河北经济的发展腾飞。多数专家学者根据河北省社会科学院与社会科学文献出版社联合发布《河北蓝皮书：河北文化产业发展报告（2022）》，聚焦当前河北文化产业高质量发展面临四个制约因素。

（一）文化产业体量整体偏低，创意创新型文化企业数量较少

近年来，河北省文化产业规模虽保持逐年增长态势，但文化产业结构和发展质量仍有待提升。从文化产业构成看，河北省制造型文化产业行业门类占比较大，内容类、创意类等附加值较高的文化产业行业门类所占比重偏小，文化附加值总体偏低，文化产业结构优化升级仍面临诸多制约。此外，创意设计类文化产业发育迟缓，文化龙头企业数量少，缺乏在全国具有较大影响力的领军文化企业、文化产品、文化 IP，以及标杆式的文化机构、文化品牌，可见对全省文化资源的挖掘利用不够充分。

（二）受到疫情多点散发的波动式冲击，线下集聚型文化企业生存堪忧

新冠疫情给全球经济发展带来严重冲击，使大多数企业的生产经营面临严峻挑战，特别是对文旅行业产生了较大影响，其中以文化传播渠道类企业和文化休闲服务类企业为主。多点散发的疫情背景下，人们自身防疫意识增

强，流通、出行和商贸等领域的行政管制，造成人员流动量急剧减少，依赖于人员集聚的文化旅游景区以及相关文旅融创产业和行业受到严重冲击。在党中央和地方政府对国内疫情防控精准有力，从中央到省市相继出台了一系列促进企业和社会各项事业发展的政策文件，为企业复工复产提供了政策支撑，创造了良好环境，积极应对疫情的多点散发对线下文旅企业生产发展造成冲击。接下来，亟须进一步创新发展思路，促进线下集聚型文化企业平稳健康发展，增强发展韧性。

（三）缺少配套性政策支持，以创新驱动文化产业发展的能力不足

从河北来看，文化产业新业态数量有增速，但体量小，对动漫游戏、数字文化等新文化业态的相关扶持政策较少。但反观武汉市 2009 年就将动漫产业纳入战略性新兴产业，不仅有专项资金的支持，建设动漫游戏企业孵化基地、生产基地、人才培养基地和国内动漫交流交易中心，每年申请知识产权专利量在 1000 件以上，在疫情之前，多次举办各类大型动漫活动带动市区经济发展。河北省需在政策上给予设计能力好、发展潜力好、经济效益好的文化创意类企业相应的支持和引导。此外，文化创新、创意人才缺乏、文化企业科技创新能力不足、文化产品附加值较低、劳动生产率偏低、核心竞争力较弱成为制约河北文化产业发展的重要因素。数字文化、创意设计等新业态发展迟缓，尚未形成产业链增值的稳定盈利模式，缺少相应的引导、带动和扶持全省文化产业的政策。

（四）中心城市文化创意资源集聚度低，文化资源市场化意识不强

纵观世界文化产业发展态势，发达国家文化产业价值创造主要会集在各类高端人才、先进技术、资金等方面具有先天优势的中心城市，容易形成产业集群。比如，纽约报刊出版业、东京的动漫产业已形成了专业化分工，并在全球占有很高的市场份额。从河北来看，传统的文化发展方式，始终不能快速改革，导致了对高端文化资源要素的吸引力、集聚力不强。一是由于政府发展规划，文化产业发展受限于城市主导产业。河北省文化产业共 21 个行业，主要分布在石家庄、唐山、保定、邯郸四个地区，前 3 个城市市场份额最高。与该地区制造业、服务业的产业结构密切相关，但这些行业企业的营

业收入、利润总额等指标呈下滑趋势。其他地市数量偏少，张家口、承德、衡水等市文化产业整体发展水平不高，优势不足。2020年冬奥会筹办城市张家口，很多大型的场馆设施的后续开发利用没有规划长远，导致对全市文化产业的带动效应低，但目前地级市正进行文化产业升级。二是中心城市文化产业品牌推广度不高。河北多数城市对文化资源市场化运营能力不足，利用先进信息技术、数字技术发展文化产业的形式多在博物馆中出现，盈利产业仍有缺陷，文化资源利用程度较低。三是地市对县域文化产业的引导带动性不足。地市文化产业的企业经济效益、设计人员数量与产品消费水平等都远超县级，尤其是一些文化资源大县，缺少相应的平台载体作支撑，难以形成地域特色品牌优势，县域经济发展不足对市域文化产业发展影响较大。此外，河北省文化产业外向度不高，2020年第三季度，全省规模以上文化企业港、澳、台及外商投资企业共23家，占全部规模以上文化企业的比例仅为1.7%，文化产业"走出去"能力仍有待提升。

四、产业发展规模

中国大运河流经省市的产业规模逐年扩大，地方特色产业园区也逐步成规模化。2016年北京市文化创意产业对地区生产总值的贡献率比重仅次于金融业，成为支撑首都发展的重要"领路人"。大运河两端的北京、杭州等城市影视动漫、广告展会和艺术品交易、文创和文旅产品设计等新兴文化产业发达，很多配套项目需求外溢；大运河中段河北、山东、河南、安徽北部、江苏北部等地人口密集，劳动力成本低，具有承接溢出项目的条件，有助于形成区域间优势互补、差异化发展格局。天津居于中间区域，近年来在运河文化建设上取得较多成效，武清区投资15亿元对北运河景观带进行整体改造工作，形成颇具特色的63千米观光旅游带。目前，已经初步形成了南部休闲运动、中部夜景观光、北部休闲度假的北运河旅游产品体系。

河北省文旅产业拓展的主要渠道有"文游·民俗活动""文旅·影视演艺"和"文旅·动漫"等，文化与旅游融合发展的速度和规模在很大程度上受到以下因素的限制。首先，宏观层面对文化旅游资源的整合不足，参与市场化运营的主动性不够，缺乏国内外影响力和市场竞争力强的文化企业和文化品牌，难以形成规模效应与辐射效应。其次，在全国具有影响力的演艺产品数量较少，目前除了承德避暑山庄的《鼎盛王朝·康熙盛典》知名度有较好效应，其他项目传播力不大；动漫技术在河北省文化旅游产业中的应用率微小，市场化率很低。

近年河北省依据文化建设需求，不断提高港口城市的建设，沧州市区和黄骅新城建设水平已见成效，沿海经济带效应可观，大运河文化带和生态绿化带已规模宏大，工业园区和开发区、现代农业产业园区、高新技术创新区发展态势良好。尤其是大运河沧州段全长 216 千米，是京杭大运河流经的河段中里程最长的城市。《沧州市国民经济和社会发展第十三个五年规划纲要》明确提出要围绕"三水六乡"资源，积极打造沧州运河文化旅游带，大力建设大运河文化产业带。《沧州市城市总体规划（2015－2030 年）》《沧州市"十三五"时期文化发展规划纲要》《沧州市旅游业"十三五"发展规划》等纲领性文件也充分阐释了大运河文化带建设的重要意义，指明了大运河文化带沧州段的具体发展方向。

河北省文化创意产业发展模式归结有集聚区模式、旅游景区模式、节庆会展模式、重大项目带动模式、以中心城市为依托模式等五种模式。通过借鉴我国文化强省发展文化创意产业的先进成熟发展模式，挖掘文化资源发展潜力。目前，河北省内共有文化创意产业项目 700 多个，已形成了包括河北出版集团文化创意园区、山海关影视拍摄基地等在内的一批具有规模的文化创意产业示范园区，形成了以邯郸历史文化开发区、石家庄现代文化创意区为特色的大型文化创意产业示范园区，形成了区域文化品牌。大运河沿线部分城市通过文化遗产的活化利用，空间集聚产业发展要素，催生新兴业态，逐步将文化资源转化为产业结构升级动能的实践探索。

2019 年前三季度，全国规模以上文化及相关产业营业收入 62187 亿元，河北省规模以上文化及相关产业营业收入达 628 亿元，约占全国比重的 1%，较 2018 年同期减少 0.2 个百分点，占东部地区 10 省市（47017 亿元）的比重为 1.34%，占中部地区 6 省市（8841 亿元）的比重为 7.1%，在全国处于中下游，文化产业规模体量与河北省在全国的经济实力位次明显不匹配，文化产业对全省经济的拉动作用不强。

2020 年初，文旅行业受到疫情较大冲击，河北省文化和旅游厅为持续塑造、提升河北文旅品牌形象，有效开展"云游"系列文旅宣传，有效拉动文旅经济增长。2020 年 4 月，河北省人民政府发布了《河北省数字经济发展规划（2020－2025 年）》，规划中提及文旅产业应依托国家京津冀整体发展策略和合理利用大数据综合试验区，打造旅游大数据产业中心，在数字经济发展格局建设上提出要求。对全域旅游、乡村旅游等数据资源进行合理建设。

2020 年 3 月 30 日，河北省文化和旅游厅印发了《河北省文化和旅游产业恢复振兴指导意见》，在政策上提供了文旅产业振兴的方向和依据。《意见》提出河北省将围绕产业优化升级，加强优质项目储备，加快项目落地见效，积极引进知名品牌和运营商、投资商，提高文化旅游项目精准招商和融资成效，以投资增长和项目建设促进文旅产业振兴深入贯彻落实中央和省委关于加快文化产业发展的系列部署，持续打造一批投资规模大、市场效益好、引领作用强的文化产业项目，从而推动全省文化产业高质量发展。接下来，开展了 2020 年度河北省"十大文化产业项目"评选等系列活动，打造和培育了一批高质量文创项目。例如打造了全国首个沉浸式历史文化网红主题街区——唐山培仁历史文化街区项目，主要面向中青年消费群体，通过互联网技术，实现历史文化元素、时尚休闲元素、网红娱乐元素有机融合，成为唐山文旅消费新热点。

第二节　大运河非遗助力文化创意产品设计创新

数千年历史积淀出丰富的非物质文化遗产是中华民族自信自尊的精神源泉。大运河非遗资源传承和文化创意产业优化发展之间存在双向互动、相互促进的关系。非遗资源为发展文创产业提供经典素材，文创产业发展为非遗资源利用提供有效平台，两者结合有利于中华优秀传统文化和现代地域经济发展接轨，建设"璀璨文化带"，推进物质文明和精神文明协调发展。

首先，河北段大运河沿线所流经的市、县、镇、乡、村多样的非遗文化资源，可以为相关文创产品开发提供创作素材来源。纵观大运河沿线省市的物质文化遗产和非物质文化遗产在漫长的千年历史中，通过自然环境和人文环境孕育了无数极富内涵的符号。如建筑园林、民俗剪纸、皮影木偶等文化遗产的造型、颜色、材质、工艺中所体现出来的符号特性都独具特色，文创产品因自身的本质特性，并存在着多种情感价值、文化价值、艺术价值，从而为经济带来了可观的数字增长。

其次，数字时代为非遗的传承和延续提供了更多的发展、延伸和焕发新生的媒介，产业化让非遗产品在空间中兼具展示、表演、体验、设计、手工制作、教育等多重功能，从而实现新的人、物、场的生态关系。由此可见，非遗文化传承生态系统的本质就是在新时代结合资源优势，运用现代科学技术推动非遗文化与现实社会的有效融合，"把传统融入时尚，以技艺诠释生命的非遗之美"让古老的非遗文化融入百姓的日常生活，不仅增加大众的文化自信，还提升了民族凝聚力。

最后，非遗文化资源与文创产品设计载体互融共生，两者有效融合有利于推动大运河河北段文化带的建设发展，推动沿线经济的转型。从近年整个大运河文化带建设来看，沿线区域关于非遗文化资源助力文创产业发展这个问题研究上区域间不平衡的问题相对较为突出。北京及南方城市在非遗文化资源传承与创新上成绩斐然，但河北段大运河沿线文旅产业、文创产品对比发展势头较快的城市仍存在差距，河北省在此方面存在一定短板，而河北是大运河重要节点，具有丰富的非遗文化资源可供文创产品设计流程进行挖掘和推广，具有不可忽视的重要价值。当下部分学者指出文创产品设计需要针对新消费人群定位并选择跨界合作，河北大运河非遗资源可借助新媒体数字化力量进行全方位的推广。①

一、助推文化产业高质量发展的途径

（一）重点推进重大题材文创设计与创新开发

紧抓京津冀协同发展、雄安新区规划建设、北京冬奥会筹办等历史性重大机遇，紧抓长城国家文化公园、大运河国家文化公园等国家重大文化工程规划建设的重大契机，聚焦国家战略和重大文化工程，推出一批文创精品，以文创产品为载体讲好运河故事。

（二）设计具有原创性、引领性的高质量文创产品，加快提升河北文创品牌影响力

积极引导支持省内外优秀文创设计资源和生产企业，重点围绕多彩京畿、大美雄安、冬奥冰雪、古韵运河、锦绣长城等主题，生产一批符合市场需求、影响力大的文创产品，打造河北文创发展新亮点。

（三）建立和完善非遗项目台账，推动非遗创造性转化

以民间美术、传统技艺、传统医药类非遗项目为重点，建立和完善国家、省级非遗产品台账。实施河北传统工艺振兴计划，推进重点非遗项目和非遗产品向文创产品转化发展，开发系列具有创新性、市场性、实用性的非遗产品及衍生品。

---

① 郝小梅、王琦、张震：《河北段大运河非遗文创产业助力乡村振兴策略研究》，《农村经济与科学》2022 年第 3 期。

（四）加强非遗传承人群培养，推动非遗创新性发展

依托专业院校开展非遗研修研习培训，提升传承人群创新创意能力，深层次支持文创创新开发后继有人。

同时，文化产业高质量发展离不开文化资源，特别是非遗资源在文创产品设计中的创新。大运河河北段贯穿邯郸、邢台、衡水、沧州、廊坊共五市及周遭，沿线不仅包含了河道、码头、古城等物质文化遗产，还有武术、杂技、民俗习惯等非物质文化遗产。这些文化遗产本身就具有较强的符号性特质，需要通过合理的设计方法将其系统化、具体化。

在具体非遗资源的挖掘问题上，符号学的相关理论知识对文创产品的设计开发有着巨大的推动作用。符号作为人与环境能够沟通的物质载体和精神媒介，兼具历史性和现代性两种属性。符号作为强大的信息传播载体是由生活中的人进行界定并设置的，属于约定成俗的存在，为大众所共享。1984年瑞士结构主义语言学家索绪尔开创了符号学的相关研究，并于20世纪初开始逐渐被应用于各学科领域，取得良好的发展效果。德国设计理论学家克略克尔在1981年《产品设计》一书中，从语义学、语构学、语用学角度对产品造型体现符号学规范提出了具体要求，提出了一些观点：例如产品语言不能够存在语言障碍，应该符合人类的生活习惯与习俗；各种符号要素之间要易于辨认、易于识别记忆；产品造型符号应该具有联想性且指向内容明确并有足够的文化信息含量；产品类型的造型应该考虑市场消费人群的可接受度等。

河北大运河符号文化资源的开发现状。国内因故宫文创创新产业的出现，带动了国内文旅产品的视觉设计浪潮，但大运河旅游文化资源符号的发掘和设计目前除北京外，主要集中在南方沿岸的南京、扬州、苏州等城市。它们借助内涵丰富、形式多样的运河文化资源，着力发展具有当地特色的相关文化产业，取得了经济文化建设的优异成绩。河北大运河文艺资源极为丰富，并带动了相关旅游业的良性发展，但立足河北燕赵文化发展的实际情况与近年来相关部门推动的各类文创产品大赛的整体情况来看，省内运河文化资源符号在面对"后申遗"时代的形势下，如何系统科学甄别、合理充分挖掘资源符号、形成串点连线式的符号体系、打造优势文创品牌效应仍落后一步。

河北大运河符号文创设计的研究价值。首先从理论层面上分析，研究河

北大运河符号有助于进一步明确河北省大运河文化带建设的意义，完善文化带的发展机制，符合国家的各项政策要求；能够最大限度地挖掘沿线各市、县地域文化符号而有助于形成系统性的设计资源库；对于相关文旅部门的市场发展态势分析及政策制定提供一定的借鉴。其次从应用价值上分析，河北大运河文旅产业符号系统可以直接或间接转化为实际产品，有实际的经济价值，有助于在全国传播燕赵文化内涵；符合国家京津冀协同发展战略，帮助河北文旅产业跨区域发展；为沿线高校教学、公司开发设计、企业生产提供一定的发展契机点并产生良性效应。

二、从艺术学角度分析非遗文化资源在文创产品中的具体设计途径

（一）文创品牌中的非遗文化资源体现

有效挖掘、甄别优秀非遗文化资源，利用系统科学的编码思路进行分类，建立起庞大的非遗文化资源库，为文创产品设计与开发提供了丰富的题材、技艺、形式和内涵，并与省内旅游业协同发展，借助网络媒体和景区载体等多种手段推广燕赵文化文创品牌。

同时应该看到河北旅游文创产品设计需要立足时代，充分展现地域文化精髓，通过与市场的不断结合创新，建立本土知名品牌，寻找一条资源保护与旅游开发的发展与共建之路。品牌理念下的文创设计产品最终将要进入市场，要建立各种类型的高效反馈机制，随时检验大众对文化产品的接受度，以便于全面提升品牌效应。以运河符号作为产品的设计点，为文化创意产业开发源源不断地提供动力，持续推进燕赵运河文化艺术产业化。

基于符号学理论，文创产品的设计需要立足于运河沿岸的文化遗产资源，尤其是特征鲜明的艺术资源，依据设计需要对艺术资源进行分析与整合，应建立相应的数据库，通过适当的方法将资源符号提取出来。但关于艺术资源数据库的建立，由于资源庞大，目前仍然是地方运河文化资源转化中的一个瓶颈问题。运河文化资源提取符号元素，不仅要考虑美感需要，还要注重个人情感的表达，彰显旅游文创产品的优势。具体元素提取时应注意从当地的物质文化遗产和非物质文化遗产中选择较强的代表性符号，独具特色，识别

性高，同时要立足于当地的风土人情、民俗美学。提取设计方法可以考虑：一方面采用外形的直接提取，依据沿线典型文化遗产资源，着重加强对造型轮廓的提炼概括，遵循简洁为主原则，体现出较强的符号感，例如对武术文化进行造型提取时可以考虑利用剪影的处理方法，将各种武术种类的代表性形体动作简单概括为外形并应用到文创产品中；另一方面也可以用变形、重构、嫁接等方法，改变固有的思维模式，在保持立意不变的情况下，对外形进行创新型设计，进行巧妙组合，但主题特征不改变仍有辨识度，通过具象和抽象的转化表达来加强旅游文创的造型设计。

（二）基于非遗艺术资源的文创 IP 设计

IP（Intellectual Property）指的是知识产权，指人类在社会生活实践中创造出的智力劳动，成果所享有的专有权利。符合当下时代发展内涵的 IP 最早出现在美国漫画巨头公司将相关的漫画作品改编为动画、电影、游戏等形式中，产生了巨大的经济效益，进而一系列的 IP 在近年发展势头良好。从国内外成功的案例中可以发现 IP 在旅游文创中起到关键性作用，尤其是国内近年来多项政策带动大量文旅产业蓬勃发展。作为运河线上最为重要的故宫文创成了最具代表性的 IP 成功案例，挖掘了自身典藏的各类文化，将非遗艺术资源进行了精心规划。从 2010 年的探索期到如今将影视、餐饮、美妆等融为一体的相关品牌联名发展的持续爆发期，故宫文创进一步走上了超级 IP 发展的道路，也为台北故宫博物院、三星堆博物馆、敦煌博物院等探索出了非遗文化在当下时代发展的传承模式。各地汲取商业经济价值巨大的故宫文创 IP运营经验，主动结合地域特色打造一系列的 IP 形象，在带动旅游业发展的同时，也将地域文化传播出去，尤以大运河沿线具有深厚文化的城市及乡村为最，例如苏州、扬州等城市。

河北段大运河沿线乡村众多，反观当下乡村文旅发展较好的地域，IP 是不可或缺的经济推动因素。河北段运河沿线的乡村非遗文化资源与 IP 的融合发展路径如下：

1. IP 形象的有效设计

地域文化 IP 形象的设计要讲究两点：一是非遗文化内涵表达，二是外在形象需要对非遗文化资源中尤其是艺术性质较强的资源在造型、颜色、材质方面进行有效提取。乡村非遗文化的内涵与品牌的定位及价值的表达关系极为密切，代表了村落风土人情方面的文化特质，是形成区域差异化发展的出发点。IP形象要体现地方人文精神，赋予人情化设计，加深消费者与IP形象之间的情感联系；要具有村落代表性，将代表性的文化提取出造型符号、搭配地域色彩、用体现传统工艺的材料进行制作，进而分析市场的消费人群情感需求，表现文化内容，彰显文化美学，并考虑借助IP形象综合考虑工艺传承、文化表达的可能性，推出爆款网红产品进入市场并及时有效接受消费者反馈不断进行改进。例如沧州吴桥杂技大世界2019年推出了杂技版"妞妞"吉祥物造型及"妞妞"版的江湖八大怪衍生形象，并持续推出系列旅游文创产品，做好了景区IP市场的发展计划。

2. IP跨界联名合作

品牌IP的跨界联名悄然兴起，为一众产品打开的市场销路，例如毛戈平与故宫联名推出彩妆，大白兔奶糖与美加净推出润唇膏等。乡村文创IP可以选择与乡镇企业先进行试点合作，例如结合当地的乡村食品加工业、住宿旅游业等，互惠互利促进经济效益，进而可以梯度寻求与当地甚至相关的其他省市知名品牌进行跨界合作，知名度的提升带动双方经济的增长。例如河北衡水老白干酒业股份有限公司作为文化悠久、知名度高的企业，其本身的酿造工艺就属于省内文化遗产保护名录之中，相关部门可以推动县乡的非遗文化艺术资源如衡水景县的铜胎画珐琅、衡水武强年画等寻求与企业的有效合作方式并进行联名IP的跨界合作，提升乡村文化发展格调。但整体而言，基于乡村地域文化与丰富非遗文化资源IP设计的核心点在于文化本身内涵选择、合适的外在形象表达，要避免出现过度的市场同质化现象。[1]

以沧州地区为例，目前沧州地区的吉祥物IP并不突出。吉祥物代表着一个城市的文化内涵精髓，是城市文化象征的体现。目前存在部分带有吉祥物性质的设计方案，例如在沧州市区部分移动宣传的设施图案上、部分县乡如吴桥旅游杂技大世界吉祥物设计等都做出过较大努力，包括最近2022年开放的沧州市主城区老厂房改造项目"理享山28号"的狮子形象设计。但综观当下的设计存在问题主要是地域特色不明显，整体设计感较弱。

---

① 郝小梅、王琦、张震：《河北段大运河非遗文创产业助力乡村振兴策略研究》，《农村经济与科学》2022年第3期。

吉祥物作为旅游资源文创产品设计的关键点，其 IP 系列的延展形象能够带动更多文创产品类型的开发。在进行吉祥物整体设计时，要立足于沧州段大运河整体文化遗产资源现状，在母子品牌联动效应下，做到沧州市"母"吉祥物设计和其他下属市县乡村"子"吉祥物共同推进，从宏观角度上将沧州段大运河流经区域的文化通过母子吉祥物设计串联起来，再由此开发生活类、文具类、手工一类的系列产品。吉祥物整体形象的设计要选择动漫化的方式处理，赋予一定的"呆萌""蠢萌"气质，具体设计上要注意对吉祥物本身所具备的造型元素进行收集整理，铁狮造型仍然是整个沧州段大运河旅游文创吉祥物形象的最佳选择，可以将运河流经区域的代表性文化遗产资源进行整理甄别，创作系列吉祥物，例如将沧州铁狮和渤海渔村剪纸、武术、大鼓、皮影、杂技等进行结合，然后选择合适的线条、色彩、表情对其进行造型丰富。线条作为动漫造型设计的基础，可以针对不同消费人群、不同的文化元素的表现需要，综合考虑线条的柔软细腻或粗犷奔放，使其形象更加丰满。关于颜色的设计要基于文化遗产中代表性地域色彩来决定造型的主题色和辅助色，纯色依据需要进行调和延展处理，例如大众当下所喜爱的莫兰迪色彩，具备高级优雅的特点，设计感极强，可以适当进行处理，体现吉祥物的"高级感"。动漫化造型的表情处理可以依靠文创故事情节开发推出系列表情，可以适当参考微信下载量较高的表情包，赋予吉祥物更多的个人情感。进一步也可以考虑与当地企业进行文创联名款设计，实现双向共赢。

3. 建立文创产品的特色移动网页

河北省为建设旅游强省，基于"京畿福地，乐享河北"的旅游形象主题口号，推出了"乐享河北"App，用户反馈良好。借鉴此种模式，运河沿线五市的乡村可以依据地域非遗文化资源，设计属于自己的乡村文创产品展示售卖的 App、小程序等，可以将非遗文化资源介绍、文创产品设计展示、文创产品线上购买等板块融于一体，并设置良好的消费用户体验反馈机制，及时查找文化建设方面出现的问题，反向推动乡村文化旅游建设。

互联网时代下，无论何时、何地移动设备都与我们的生活息息相关，正在不断改变和刷新我们对事物的认知方式。例如在沿线乡村振兴中文创产业的发展要基于"互联网＋""线上＋线下"的模式，为乡村文创建立具备地域特色的移动网页，借助互联网渠道进行乡村文化的传播，拉动大众消费购买力，有助于进一步引起消费群体的关注，深刻感受乡村文化的设计魅力。

乡村文创产品特色移动网页的建设首先要遵循交互设计的相关理念，做好感官设计与氛围感的传递。产品的交互设计追求以人为本的用户需求，在整体的移动网页界面设置上要关注可视性设计原则，功能可视性越好，越方便用户发现和了解网页的浏览使用方法。例如在设计制作某乡村 App 时，在对乡村特色移动网页的开机首页、呈现多个板块内容的集合聚合页、用于区分各类信息的列表页、展示内容详细信息内容详情页、作为反馈机制的发布页等设计时，要达到逻辑结构清晰、页面布局简洁、操作动态提示完整等无障碍使用的目的。在整个 App 界面流程的设计上要充分考虑感官设计，要将非遗文化资源的代表性艺术造型元素、主要色彩，甚至音乐调式等加入进去。例如，衡水武强木板年画的形式取材较为广泛，在人物造型上大都多都是拙朴的五短身材，头部表现夸张，重点在眼睛的描绘上。线条技法以大刀阔斧的手法见长，在木板上以阳刻为主，兼施阴刻，线条粗犷奔放、挺拔劲健。色彩多以红、黄、蓝三原色和黑白为基调，一般有 3 到 7 种套色，色彩艳丽、对比强烈。抓住以上非遗文化资源的艺术特色，在开机首页上使用造型、色彩、文案进行精心设计的 IP 形象基础之上，其余页面可以搭配木板阴阳刻等图案设计元素，加之以三原色为主、套色为辅的颜色搭配，搭配传统的新年喜庆音乐，以此作为背景衬托出网页中展示的武强年画文创产品。最后要进行整体流程测试，确保用户在使用移动页面时有良好的体验。其他诸如邢台沙河皮影戏、邯郸成安烙画、廊坊相子（纸雕）、沧州吴桥线装书工艺等民间美术、民间手工技艺都可以借鉴此类模式。①

目前，河北省文化产业中的特色文化挖掘和创意设计水平还需大力提升，文创产品开发整体水平有待提高。面对这种现状，河北省实施了"产业文创化"策略，积极推动文创产品的跨界融合开发，丰富文创产品方面内容和数量，提升文创产品的品质和内涵。一是充分发挥创意的魅力，将更多的工业产品转化为文创产品，加快工业产品艺术化、文创化。二是加大以互联网、大数据、物联网、人工智能、区块链等为代表的新科技在文创产业的应用，提高文创产品科技含量和附加值。三是大力开展文创赋能乡村振兴工作，发

①郝小梅、王琦、张震：《河北段大运河非遗文创产业助力乡村振兴策略研究》，《农村经济与科学》2022 年第 3 期。

展文创、乡创，促进农产品与乡村文化、农业遗产融合发展，用文创提升农产品附加值，使乡村文化商品化、文创化，促进休闲农业和乡村旅游转型升级。四是在党的二十大胜利召开、中国式现代化美好愿景实现的进程中，挖掘河北丰富的红色文化资源，深入实施红色文创开发工程，设计开发一批具有河北特色的红色文创精品，打造一批红色文创开发示范基地。当下，河北省文化和旅游厅鼓励支持旅游景区、文化文物单位、科研院所、创意设计机构、相关企业加快建设一批创意示范基地、文创设计中心，建立以企业为主体、市场为导向、产学研相结合的研发创新体系。深入跟进赛后成果的转化工作，加大以河北地域文化和旅游资源为素材的入围、获奖作品后续成果转化的支持力度，推动河北省优秀文旅商品走进市场，形成社会效益和经济效益，促进文创开发的可持续发展。

非物质文化遗产的保护、传承与发展，事关民族精神根脉传承，相关部门需要起到带头作用，引导、鼓励全民参与，需要秉承科学的态度、运用持续发展的理念，实现资本和科技融合、改革现代企业管理与大运河非遗的深度融合方式，只有这样，才能在继承和弘扬优秀传统文化的基础上，对其进行现代化的利用，将传统非遗元素融入成熟的物质产品中，实现非遗产业化。

大运河文化资源和旅游文创产业的融合是时代发展的必然要求，应该考虑采用多样化的手段与技术，将沿线地域特色文化遗产资源转化成适应市场经济发展的物质载体。沧州作为一座承载着传统文化与现代技术相结合发展的城市，一直坚持不懈地走在对沧州段大运河文化带资源保护、利用、传承的路上，而所属各市县乡也遵循可持续发展的理念，积极挖掘整理地域特色明显的文化遗产资源，开拓地方旅游文创的新局面。旅游文创产品的设计要多运用当下的设计方法，做好市场调研分析与定位，将融媒体、大数据等融入设计开发模式中，使得文化遗产资源能够得到更加有效的传承。

第三节　大运河非遗资源与文化创意产业融合路径的优化

将我国非物质文化遗产丰富的资源转化为文化资产，完美结合其经济价值和文化价值，也是实现文化产业高质量发展的需要。产业化发展可实现经济效益、社会效益协同发展、相辅相成的良性循环，将非遗文化产品兴趣点、传播性等优势充分发挥出来。整个产业需要不断构建符合地域特色的非遗发展产业链，正确看待品牌效应，树立并强化品牌意识，利用信息化平台提升非遗产品的知名度、稳定性和标准化，推动非遗文化事业的发展。

为贯彻国家大运河文化带建设战略，落实中共中央办公厅和国务院办公厅联合印发的《大运河文化保护传承利用规划纲要》，河北省加快推进大运河文化带建设。相关建设通过由点到面综合整理、深入挖掘大运河河北段非遗资源的价值，提高保护、传承、利用非遗资源的意识，建设"天人合一""外柔内刚""开放融通"的运河文化品牌，"以文促旅、以旅彰文"，借助非遗优势实现大运河文化与河北文化的融合共进。将运河文创开发融入沿岸中小学及高校教学，是传承和弘扬优秀运河文化的基础工程，有利于培养运河非遗文创设计专业人才；通过运河文化产业园研究，可以为地方政府部门提供政策建议，为地域文化和传统艺术传承拓宽路径；借鉴国外相关经验，研究文旅融创产业国际化发展趋势，是推动运河沿岸文化和旅游融合发展、文化产业转型升级与绿色崛起、建设美丽中国的必由之路。

一、积蓄文化创意产业人才

经济的发展，特别是文化创意产业及其涉及的每一个环节，都与人才密不可分。北京大学文化创意产业研究院向勇教授将文化创意产业人才细分为七类，分别是：创意人才、技术人才、经营人才、营销人才、通路经营人才、管理人才和研究人才。著名人力资源管理专家王通讯教授提出"文化创意产业＝（文化＋创意）×科技×商业运作"，科技、商业文化创意之间是相乘的关系，科技和商业可以急剧放大文化创意的功效。可见，科技含量高的文化创意产业，是以智慧为主导的战略型产业。目前，文创产业领域缺乏的不仅是创意人才，更缺乏商业运作人才，缺乏文化创意、科技手段以及商业运作方法兼备的高端、复合型人才。创意人才短缺会造成文化创意产业缺乏原创核心价值；经营管理人才短缺，会使创意缺乏成熟的市场推广运作，进而难以实现创意作品产业化和市场化。

非遗文化融入文化创意产业的关键是人才。人才不仅是非遗传承的内生动力，而且是创意产业发展的核心要素，直接决定文化创意企业的创新能力。因此，非遗保护，传承人的保护是关键。传承人的任务是延续、传递并发展性传承传统优秀文化资源，任重而道远。但是现在很多非遗传承人因传播受众单一、传播渠道狭窄、产出规模小、收益回报偏低、缺乏营销手段等原因，造成传承人普遍断层，甚至面临人亡艺绝的发展瓶颈。对此，应该充分重视。一方面要注重非遗传承人的培育和培养，开展非遗进幼儿园、中小学、高校系列活动，将剪纸篆刻、面花模子、秧歌号子、南皮落子、麒麟舞狮等传统核心文化与技艺融入校园课堂内外，从根基上增强文化自信与自觉；另一方面要将非遗传承产业化，非遗传承人成为非遗文化产业的合伙人，使传承和技艺资本化。唯有如此，才能让非遗传承人全心全意投入非遗产业中，将技艺以更好的方式传承。

要使文化创意产业大规模可持续发展，就要在创意资源和创新创造中有所作为，核心的问题还是人才战略。目前河北省文化创意产业人才还非常缺乏，在京津相关产业与文化创意人才同步转移外溢的情况下，必须多措并举、齐抓共管，积极学习对接京津在文化创意人才培养方面的政策措施，严格落实目标责任制，营造重视、重用、锻炼文化创意人才的政策新常态。

（一）强化管理，知人善用，构建文化创意人才可持续发展轨道

干事创业，选人和用人是关键。政府部门应通过科学考评、公正选拔、才尽其用。组织部分内容人才深入企业学习、参与国外相关交流、研学、访学等系列活动，以选人用人作为文化创意人才成长的指挥棒，做大做强"双

创"人才、一流人才吸纳、培养、激励、留住的合力。

当前,文化创意产业的人才流动性较大。吸引和留住人才,是地方政府、文化创意企业面临的难题。政府及企业需要多措并举促进文化创意人才队伍建设,结合本地区域优势,共享京津冀文化创意人才。相关政府部门需更加尊重爱惜传承人和文化创意人才,提高项目补贴,投入福利待遇,并让企业参照市场薪酬水平,提供文创人才具有竞争力的福利待遇和施展、晋升的空间。加快推动人才公寓建设,营造施展才华、成就事业的工作环境,创设便捷、舒适的生活环境。同时,要进一步完善文化创意人才培养机制。自 2015 年,文化和旅游部、教育部、人力资源社会保障部实施"中国非物质文化遗产传承人群研修研习培训计划"以来,国家完成了"十三五"培训传承人群 10 万人次;为进一步贯彻落实习近平总书记关于非物质文化遗产保护重要指示精神,按照中共中央办公厅、国务院办公厅印发的《关于进一步加强非物质文化遗产保护工作的意见》有关工作部署,文化和旅游部、教育部、人力资源社会保障部印发了《中国非物质文化遗产传承人研修培训计划实施方案(2021—2025)》,支持各省、自治区、直辖市在"十四五"期间培养更多的非物质文化遗产传承人。企业可以通过交叉培养、换岗训练等方式,加大力度对文化创意人才队伍的梯次结构进行改革完善,使人才数量、质量、结构梯队同社会文化经济发展需要相适应。对于紧缺的文化创意人才需要采取市场化手段,提高待遇,积极改进文化创意人才引进的模式,利用各种渠道及方式吸引具有创新能力和创新成果的文化创意人才到河北省工作。还要建立健全激励机制,把好挖潜关。对于政府资助的非遗项目要加强关注和考评,掌握建设进度和成果。厚待、重用、褒奖优秀人才,运用"典型"推进拔尖人才进步,如北京通州区每年评选"通州文化创意产业领军人物奖",确保人才队伍永葆生机和活力。

(二)合力培育,借池养鱼,打造河北文化创意人才高地

结合河北省整体产业规划发展和当下人才储备现状,改革文化创意人才培养模式。持续推进中国非物质文化遗产传承人研修培训计划,进一步实施文化创意人才信息化工程。自上而下,逐级分层建立省、市、县(区)、镇四级专家库、专业技术拔尖文化创意人才库、非遗文化创意人才库、文化创意人才多元化培训师资库……整合培训资源，优化培训内容，借助京津冀错位发展，实现优势互补、合作共赢。聘请国内外学者讲学、开展多层次科研项目合作；加强与国内科研院所高层次文化创意人才的对接；积极组织非遗传承人和骨干文化创意人才出国考察、访学交流，使人才培养模式更加国际化，通过推进合作与河北发展需求的精准对接。同时，进一步加强高校对文化创意人才的培育工作。在本省高校要结合河北省产业布局、面向服务领域和行业，提升办学定位，强化人才培养模式、优化专业建设、调整学科布局，实施创新教育，形成区域学科专业优势。确立文化创意人才培养计划方案，高校联合企业建立实训基地，鼓励高年级学生顶岗实习或实训，设计文化创意人才实践教学课程和毕业顶岗实习、岗前培训环节，并对优秀毕业生或顶岗实习生进行相应奖励。重点培养高校毕业生运用文化资源的创新能力，争取在培养思想、育人环境、学科建设等各方面有所改革突破、有所发展。鼓励省内高校与京津高水平院校合作办学，鼓励各行业进行校企合作、企业参与河北高校的相关文化专业建设。再有，柔性引智，实施京津冀文化创意人才的跨区域协同。分析京津冀文化创意人才培养的布局现状和国家政策倾向，发挥本身优势，争取国家支持，吸引京津高校和科研院与本省高校进行人才联合培养，打造教育资源和人才资源共享格局，带动高等教育整体水平的提升，为实现京津冀教育协同发展奠定坚实基础。

（三）合理使用人才

培养人才的目的是使用，"用才"是文化创意产业发展的重点。在育才的基础上，河北省应紧密围绕如何更加高效、合理地优化文化创意产业人才结构，通过产业项目实施来锻炼人才实践能力。社会各界力量都应为文创人才充分发挥才能提供优质平台，宽松、多元、平等、鼓励创新的企业文化有利于克服僵化的思维定式，引发思想的碰撞和灵感的火花。各地方政府应立足长远、着眼发展，全面统筹人才工作，形成年龄层次、专业结构等方面合理、有序的人才梯队结构。针对紧缺人才做好摸底统计，及时编制发布区域紧缺人才需求目录，通过政策支持确保引才成功。例如北京通州区成立了文化创意集聚区及企业组建人才工作领导小组，建立了通州区文化创意产业人才信息平台，促进文化创意产业人才合理配置、高效流动。企业还可以通过建立符合文化创意产业特点的绩效管理体系和激励机制来更加高效、合理地使用人才，把合适的人放在合适的位置，激发全员的创新思维和工作热情。

二、优化文化创意产业园区

目前，国内外对于文化创意产业园的概念尚无统一界定。在对文化创意产业园相关概念分析、总结的基础上，结合中国特色具体国情，现尝试将文化创意产业园的概念诠释为：文化创意产业园是一系列与文化关联的、产业规模聚集的特定地理区域，是具有鲜明的文化形象并对外界产生一定吸引力的集生产、贸易、休闲、居住为一体的综合性多功能园区。

（一）国外关于文化创意产业园相关概念的阐述

随着文化创意产业园在西方城市的发展，相关的研究也相伴相生。在德瑞克·韦恩看来，文化园区是指将一城市的文化与娱乐施以最集中的方式集中在特定的地理区位内，形成的文化生产与消费相结合，工作、休闲、居住等多项使用功能相结合的文化园区。希拉里·安妮·弗罗斯特-康普夫认为文化园区指的是一个在都市中具备完善组织、明确标示、供综合使用的地区，它不仅能够给艺术组织、居民与游客提供相关的艺术活动，而且能够为当地艺术家提供更多就业或居住的机会，通过夜间活动来延长地区的使用时间，让艺术与社区发展更紧密结合，使得该地区更具有吸引力。另外，诺拉西克·普姆希兰、万斯伯勒和马吉恩均将文化创意产业园定义为在一个空间有限和具有明显地理区域内，由文化企业和一些自己经营或自由创作的创意个体组成的、文化产业和设施高度集中的集群。在这些园区内提倡文化运用，并鼓励一定程度的生产和消费，不仅包括文化经营项目，也包括儿童游乐场、图书馆、开放和非正式的娱乐活动①。

（二）国内关于文化创意产业园相关概念的阐述

在中国，较为相似的概念有艺术园区、创意产业园区、文化生态园区、文化产业园区等。国内较早的艺术园区例如 798 艺术区也是在 2000 年伊始出

---

① 樊盛春、王伟年：《文化产业园区理论问题探讨》，《企业经济》2008 年第 10 期。

现，其他省市发展也较晚较慢，对其相关理论研究也就相对较少且滞后，相关学者对相关概念、产生、作用的阐释如下：祁述裕认为文化产业集群是指在地理位置上相对集中，由具有相关性的文化企业、金融机构等组成的群体；① 程金亮指出文化产业由于其所依托的资源具有较强的地域性和民族性，在地理共同发展上日益呈现出集聚特征，集群化发展趋势明显。因此，推动文化产业集群化发展不仅符合文化产业发展的趋势，也是提升文化产业竞争力的重要方式。② 白蓉认为进一步提升城市文化产业集群竞争力，并使其发展为区域文化产业集聚中心，必须实施要素提升战略、资源整合战略、龙头带动战略、品牌提升战略、环境优化战略和区域营销战略。③ 袁园认为文化创意产业园长期以来被认为是文化创意 产业的集聚地，是促进文化创意产业发展的重要推动力，是经济价值生产的地方。文化创意产业园区的空间性质从本质上来说既具有经济属性，又具有文化属性。④

河北省《2020 年全省文创产业发展重点工作方案》，提出为了推动创意产业园区的建设，全省需在各类涉及非遗、文物方面的文创开发示范基地的培育，文创设计中心、文创产品生产龙头企业的重点扶持，具备地域特色的文旅消费场地评定等方面进行数量与质量的规定。引进一批高水平的文创设计人才，陆续培育适合地方经济的文创机构，基本构建形式多样、特色鲜明、富有创意、竞争力强的文化创意产品开发体系，将河北文创品牌的知名度推广出去。在此方案的推动下，省市各级相关工作取得成效：文创设计水平显著提升，优质文创产品市场占有率提高，产业发展活力不断增强，文创消费比重大幅提升。

从发展现状来看，河北省文化创意产业园区虽然数量增多，持续推进，但与其他文创大省相比，发展规模还有很大差距，大多数园区影响力较小，并且园区之间同质化严重。据中国人民大学文化产业研究院发布的《2021 中国省市文化产业发展指数》报告显示，综合指数排名前十的分别是：北京、广东、浙江、上海、山东、江苏、湖北、福建、四川、河南。截至 2021 年末，北京近六年持续保持第一，文化企业商标总数超过 84 万个，文化新业态

① 樊盛春、王伟年：《文化产业园区理论问题探讨》，《企业经济》2008 年第 10 期。
② 程金亮：《湖北文化产业集群发展路径分析》，《开发研究》2014 年第 2 期。
③ 白蓉：《集群式发展：文化产业竞争力提升路径的现实选择》，《消费导刊》2011 年第 6 期。
④ 袁园：《文化创意产业园的公共文化服务》，《开放导报》2017 年第 2 期。

企业数量超过 15 万家，远高于其他省份。广东、浙江连续四年位列前三位，上海连续十二年排在前五位，河北省尚未进入前十位。

非物质文化遗产的经济价值往往要通过物质转化来实现。文化资源产业化，是文化产业可持续发展的物质基础，非遗文化的传承发展需要依托各类型的市场主体。深挖河北省非遗文化的市场价值，实现从非遗作品到商品、再到资产的转化，使文化资源变成文化资产，从而发展性传承非遗文化。非物质文化遗产产业化，可使资本迅速对非遗领域全覆盖，综合运用资本工具占领优势资源，促进非遗项目更加专业、精准、高效的发展，更为有效地平衡利益和文化保护之间的关系。

（三）扎实调研，做好规划

产业发展需要相关人员深入一线考察、梳理、统计非遗项目，要具备专业眼光，开发地域独特性强、市场发展潜力大的项目。针对考察调研中重点聚焦的项目进一步科学规划、制定工作方案，重点关注非遗项目规模集群化效应，规避零散、分散布局以及资源的不合理配置。要抓住当地非遗资源优势和文化产业的特殊性，遵循从创作生产到市场营销产业链的客观规律，充分进行资源整合，以特色国家级、省级非遗项目作为先行项目重点规划，挖掘市场潜力，建设一批非遗项目产业发展基地，让非遗项目产业化的平台的构建、改革能更进一步。

（四）政策引领，资金扶持

非物质文化遗产兴起、流传和保存较好的地域很多是在偏远、落后地区，但同时也造成了难以与现代工业相结合的困境，并且单靠文化部门逐级下拨的支持经费往往无法支撑其向产业化转型发展。因此，政府应制定有利于实施非遗项目产业发展的优惠政策，非遗文化产业可拉动地方经济，在省经济发展总体规划中应有一席之地，并进一步设立非遗产业发展和产品开发的专项资金，同时引导、鼓励社会资本以合资、合作、投资、参股等方式参与非遗产业建设，形成多方关注、支持非遗产业项目建设的良好氛围。

（五）现代科技＋非遗文化＝创意设计

民族的才是世界的，非遗产业化传承中，不仅要提炼传统文化符号、保留传统艺术形式，而且要结合现代科技对文化进行创新，以更新颖、更多样的艺术形式展现。通过对非遗项目的推广平台研发设计、影视动漫制作等现代产业模式设计，使其文化经济价值得到最大限度的开发。同时，通过申请专利的手段对产品的投放市场提供法律保护，在大范围内开展高层次、多角度、多频率的非遗项目知识产权交易，提高文化转化力度。如此一来，既能保留非遗文化的原有传统内涵，展现非遗本身的形式魅力，又能把省内地域文化的精髓与当下时尚元素和现代感的设计理念相结合，运用文化创意刷新中国制造，不断开拓文化市场，增强非遗文化项目的市场竞争力。

（六）完善管理服务，激发产业活力

非遗产业化的管理部门是各级政府和文化部门，但市场主体终究还是文化企业。为了激发非遗产业活力、确保非遗产业化的合理经营，各级政府和文化部门要推动非遗企业进行改革。要自上而下、先局部后整体地去完善国家、省、市、县（区）四级编制非遗保护名录，为企业文创研发提供资料库。要在非遗资源开发的专业技术支持、人才创意培育、产品评估咨询、加大国内外宣传等方面提供支持。通过管理机制，提供服务和机遇，促进企业积极构建产学研共建格局，引导知识产权管理服务机构为企业创意提供咨询服务，提升非遗产业的规模化、集约化和专业化水平。通过产业化经营和市场化运作，挖掘非遗资源，并合理开发，实现其价值，从根本上推动非遗文化和文化产业的融合可持续发展。

（七）紧跟信息时代，推动文化创意园区品牌传播

文化创意产业园区在市场经济环境下不可避免地存在竞争。文化创意产业园区若想在激烈的市场竞争中脱颖而出，就必须树立独特的品牌。要积极争取政策和资金的扶持、入驻企业、消费者、创意人才等，保证能在众多产品品类中优先抢占市场份额，增加企业产品的附加值并延长企业的产业链条。品牌又是一种契约，对于消费者来说良好的品牌形象是产品质量的标志。因此，树立品牌意识、塑造品牌形象是文化创意产业园区提升知名度、美誉度以及摆脱同质化竞争的必经之路。

目前，河北省紧跟信息时代步伐，利用"互联网＋"的优势，结合地方

特色，大力推进文化创意产业园区的建设，将历史文化、农业产品、文化特色三者相融合，建设互联网主题文化创意园区，促进实体经济与虚拟经济的深度融合，文化园区为体现地方特色，要打造集体休闲观光于一体的旅游文化景观带，带动河北省第二产业和第三产业的转型发展，从而推动经济社会的高质量发展。

沧州市东光县传统文化体验基地东吴文创园，位于东光县南霞口镇吴振刚村，占地面积 500 余亩，毗邻 104 国道。东吴文创园以林地为基础分为五大景区，分别是古代器械体验区、传统工艺酿酒体验区、少年儿童益智区、传统语言化传播影视基地、农家文化旅游休闲区。园区以展示古代军事器械，继承和发展古代技艺传统文化，在寓教于乐中感受古人智慧为宗旨；集文化创意、文化主题旅游、现代娱乐、青少年体验式教育于一体，是东光县着力打造的传统文化拓展基地，充分展现了东方传统文化的丰富内涵和深厚底蕴。

吴桥酒章文创园是吴桥县政府扶持，由曹洼贵人酒庄打造的以酒章、酒器、酿酒、运河、廉政、新型农业产业化等六大文化为主题的文化产业园。酒文化能在吴桥盛行，一是得益于临近运河水系丰富的水源，二是吴桥自古便是重要粮食产地，酿酒原料丰富。吴桥卢家几代人致力于传承、发展原生态酿酒工艺，发扬古酿文化，让这醇厚原酿得以在历史长河中留存。2017 年，酒头酒酿造技艺还入选了市级非遗名录。吴桥县纪委充分挖掘和利用代表性人物范景文清正廉明、忧国爱民的事迹，借助其廉政文化内涵，成立了范景文研究会。吴桥酒章文创园正是在传统酒坊基础上，融酒章文化、红色文化、杂技文化、运河文化、廉政文化于一体，旨在打造世界最强酒文化基地，为全域旅游增添了新气息。

2007 年，廊坊永清核雕被纳入廊坊首批非物质文化遗产保护名录，2017年被纳入省级非遗名录。2020 年 4 月，永清核雕文化产业园于在永清县别古庄镇建成投用，是面向全国的核雕产品交易中心。该文化园建筑面积 6000 多平方米，园区立足产业需求，生产遵循"生产—销售—培训—参观—旅游—媒体传播"产业链条，为 700 多家核雕企业、工作室在主流网络平台上进行推广、销售。早期，永清核雕是广泛应用于新生儿过百岁的民俗用品。后刘武营村杨恩歧开创了现代永清核雕独特的技法、题材和风格，带出一批大家，形成"开脸二十八刀""程式十刀"等系统的雕刻理论，后来逐渐从技艺传承到创新精品，将永清核雕做成知名品牌。2021年，永清县提出着力打造"1+2"产业集群，包括高端玻璃产业集群、核雕产业集群。该县充分发挥产业优势的辐射作用，涉及周边村落着力打造"中国核雕之乡"的特色文化品牌，全力建设特色鲜明的核雕产业聚集区，并解决地方就业问题，发展文化旅游业。

总之，非遗所表现的文化基因与精神特质为产业发展提供源泉，其科学认识价值和历史传承价值是当地的群体意识、价值观念、气质情感等民族文化的本质和核心。当其进入产业、市场中，转化为文化产品时，必然能促进产业的良性发展。

三、树立运河优势文创品牌

（一）关于品牌与文创产业的研究

20世纪50年代，美国奥美广告的创始人大卫·奥格威第一次提出了"品牌"的概念，他将品牌定义为一种属性、名称、包装、价格、历史、声誉、广告风格等复杂组合。同时，品牌也因消费者对其使用的印象及自身的经验而有所不同。市场营销专家菲利普·科特勒这样诠释品牌：品牌就是一个名称、标记、符号或设计及其组合，用于识别某个消费者或某消费群体的产品或服务，并使之区别于竞争对手的产品或服务项目。联合利华的董事长迈克尔·泰斯库指出，品牌是消费者对一个产品的感受，它代表消费者在其生活中对产品与服务的感受而滋生的信任、相关性与意义的总和。美国学者亚历山大·L.比尔认为，品牌资产是一种超越生产、商品及所有有形资产以外的价值，品牌带来的价值是可以预期未来的进账远超过推出具有竞争力的其他品牌所需的扩充成本。[1]

中国对于品牌的研究与实践始于20世纪90年代中期，研究重点集中在品牌竞争分析、品牌定位、品牌资产研究等理论探索与实践等方面。2005年10月8日至11日，中国共产党十六届五中全会上审议通过了《中共中央关于制定国民经济和社会发展第十一个五年计划的建议》，提出"十一五"时期要

---

[1] 柏定国：《文化品牌学》，湖南师范大学出版社，2014，第48页。

"形成一批拥有自主知识产权和知名品牌、国际竞争力较强的优秀企业"。经济全球化市场竞争下，实施品牌战略、构建民族自主品牌的培育发展体系，用以提高企业和国家的核心竞争力。中央电视台《焦点访谈》推出5集"品牌中国"特别节目，标志着中国主流媒体也开始对品牌加以特别关注，学术界对品牌的研究在原有的基础上进一步细化和深入，"城市品牌""国家品牌""文化品牌"等概念成为本年度学术关键词。尤其是"文化品牌"依托文化产业的快速发展以及一系列抢人眼球的文化事件，迅速成为曝光度极高的词语之一。

品牌与符号、标志不同，它代表着整个企业文化的发展、产品价值取向和服务的质量，是产品市场认可度的有效保证，要与消费者产生情感连接。纵观故宫文创、敦煌文创等品牌的崛起与发展，不难看出品牌带来的是巨大的经济效益增长。网络上搜索故宫文创出现的文章多以《火到一塌糊涂，故宫文创是怎么做到的?》《故宫文创一年销售额超10亿，怎样炼成的?》《故宫背后账本惊人：文创收入15亿，超1500家A股公司!》等标题出现。一个好的文创品牌，能够在竞争激烈的经济市场下以新的方式延续文脉的发展。①

在全球化经济一体化的推动下，城市之间的竞争优势往往就是城市的独特资源，文化资源转化为产品品牌，进而塑造成一个城市的金品牌。品牌是企业豪利的市场基础，是人们市场选择的首要依据，是让商品在排他性、竞争性的市场体系中脱颖而出的一种筛选机制。文创产品品牌化的过程，可以使其更便捷地被市场接纳从而达到高附加值的产业增值目标。因此，成功塑造、提升城市品牌有益于提升产品服务与城市的知名度，增加市民凝聚力，提升城市影响力，进而更好地吸引人力和财力，强化城市的核心竞争力。因此，大力实施品牌战略，依然是今后河北省文化创意产业发展的关键。

将品牌通过产业化运作，可以实现双赢，发挥非遗的最大化力量。非遗的产业化品牌建设不仅利用非遗本身品牌特性和其独特的文化属性，而且传承了其民族性、区域性、独特性，并通过非遗大众品牌建设实现其产业效果、效率及效益的统一。非遗的品牌特性将会成为营销最强抓手，进而激活非遗的产业化发展，最终实现非遗发展性传承。

---

① 郝小梅、王琦、张震：《河北段大运河非遗文创产业助力乡村振兴策略研究》，《农村经济与科学》2022年第3期。

（二）对大运河文创品牌和产业的发展研究

首先，大运河品牌文化的生成、传播与创新是近年来相关学者的研究重点，它具有世界标识意义。在当下正处于有 WEB3.0 之称的"互联网＋"时代，要加快大运河品牌的树立与传播，各省市在运河母品牌下形成区域子品牌，要在融媒体环境下找到与时俱进的创新发展思路和模式。运河沿线部分城市的品牌主题定位分析不明确深入，核心竞争力不够凸显。其次，分析运河文化资源与文创产业的关系。文化资源是品牌文化的来源，尤其是其中的非遗艺术文化资源，它与文创产品设计这个物质载体互融共生，两者有效结合有利于推动运河文化带的文化发展。文旅融合、建立产业化经营通道、创意思想引入、人才引进等是推动运河沿线相关区域发展文创设计的合理路径。文创产品设计需要针对新消费人群，并推动跨界合作，借助新媒体与科技力量进行全方位的文化品牌推广。要有效依托运河沿岸城市的文旅资源，应当采用创新方式优化文创产业下多种产品设计的模式。最后，品牌定位与地域性文创产品设计的关系与方法的研究文创风潮刮起以后，运河沿线城市乡村都在积极致力于打造自己的地域特色文化品牌，山东、南京、扬州等省市进行了运河文化旅游品牌开发的大量研究并积极寻求区域合作。

2019 年 5 月，首届中国大运河文化品牌传播国际论坛在扬州召开，来自国内外多所院校的学者专家们为"千年运河"文化品牌的国际化传播贡献智慧，论坛主要围绕"品牌的力量：新时代大运河文化品牌建设与国家形象传播"的主题展开，会议多篇论文阐述了文创产品设计与运河文化品牌建设相辅相成的关系及发展路径。大运河流经的 8 省集京津、燕赵、齐鲁、中原、淮扬、吴越等文化形态于一体，各地依据自己的地域文化区位优势进行品牌与文创产品设计推广。在品牌运营模式的时代，地域文化、品牌与文创设计和产业是一种交融互补的关系。提取地域文化元素形成品牌定位对文创产品设计具有主导性，系统开发精准定位品牌文化有利于加强产品的核心竞争力，通过市场的运营和循环地域文化得到发展性传承。因此，文创产品设计与开发要建立在深入研究地域文化的基础之上，提炼造型、色彩、材质、工艺和语境等方面的代表性品牌符号，用于加强文创产品的情感与体验设计。

（三）河北省文创品牌建设

目前，依据蓝皮书，河北省文创品牌建设成效显著，其中涵盖了大量的运河沿线城市乡村文化资源，如"河北游礼"文化主品牌。一方面，逐渐扩大了主品牌引领作用。作为河北省文创和旅游商品的统一品牌，"河北游礼"在研发、设计、生产和销售等方面构建了全面、立体式的协同发展体系，促进了全省文化创意产业市场化、特色化、品牌化的发展。借助河北省多届旅发大会、全省文创和旅游商品创意设计大赛等重大活动的契机和平台，集中展示"河北游礼"文创产品开发成果。其中，第六届河北省旅发大会推出的"文创市集"，展示了全省近3000个系列、2万余件优秀的文创产品，引发了参会嘉宾和游客的极大关注，大大提高了河北文化创意产业影响力。大力开展品牌培树活动，建设10家以上旅游商品、旅游装备研发制造基地，培育30个有较高市场知名度的产品品牌，培育10家以上文创和旅游商品研发与制造骨干企业，扶持一批旅游纪念品孵化基地、创意园区和旅游商品交易中心。另一方面，一批具有河北地方特色文创品牌迅速发展。承德好礼、邢台游礼、沧州铁狮子、衡水丫丫等一批彰显地方特色文化的本土文创品牌迅速壮大。荣国府系列文创、清西陵系列文创、承德避暑山庄乾隆系列文创、河北博物院文创等文创产品喷薄而出，将河北的历史文化内涵通过一件件精美的商品传播给游客和他的家乡。再有，各地形成高质量发展模式。各地积极以"文创＋"形式推动跨界融合，形成了本土化、特色化、连锁化、商业化模式。例如"特色＋文创"发展的衡水模式，"文旅"与"文创"叠加的承德模式，"以平台促文创"发展的邢台模式等一批优秀案例，带动了区域经济和文创产业高质量发展。

此外，河北省文化和旅游厅等七部门联合发布的《2020年全省文创产业发展重点工作方案》中强调，要大力实施品牌创建与推广计划。从培育省级名牌、优质产品成长，擦亮各类省级著名商标，创建各级优势文化创品牌龙头企业、示基地等方面，加快构建全省文创品牌体系。加大文创产品宣传推广力度，整合各类资源和平台进行全方位、立体化宣传，依托境内外各类文化和旅游推广活动进行广泛宣传。加快推进"一带一路"国际民间文化艺术节筹办工作，依托艺术节搭建特色文创产品、非遗产品展示推广平台。利用第五届全省旅游产业发展大会上举办全省特色文创产品博览会的机缘，积极组织、推动企业"走出去"，广泛参与国内外专业文创设计大赛、展会和博览会，提高文创品牌影响力。

（四）明确大运河品牌文化建设的价值

一方面从学术角度有助于丰富河北省大运河文化带建设的理论价值，明确河北运河品牌与文创产品之间的各种关系理论，提出挖掘沿线各区地域文化，定位设计内涵和精神；借鉴运河文化优势资源，供给丰富设计题材；学习非遗传承精神，创新设计工艺方法；打造专业化设计人才，推进校企合作新模式；重视市场导向激励，建立检验反馈模式"五位一体"的创新设计路径，提出河北省大运河多维度、高精准的系统品牌文创设计思路。另一方面从应用价值角度看：第一，河北运河品牌树立与文创产品设计符合国家京津冀协同发展战略、"一带一路"发展方向，利于促进河北省运河文化产业的外延发展；第二，有利于弘扬河北省区域文化，吸引运河沿岸区域间带状文化发展机遇，弥补自身差异性；第三，易于形成文化资源良性可持续发展模式，对河北省的高校课程设计、文旅局策划等产生良性效应。

（五）河北段大运河品牌建设的路径

1. 河北运河品牌与文创产品关系分析

从品牌定位、品牌价值观、品牌形象三方面分析河北运河品牌与文创产品关系。当下我国正处在品牌运营时代，消费者对品牌的设计文化内涵、精神价值尤为看重，可以说品牌对文创产品起着主导作用，同时两者也是相辅相成的关系（如图4-2）。河北运河文化易于形成明晰的独具特色的综合定位品牌；其传递的传承燕赵文化、增强民族文化自信的价值观融于文创产品也能够形成正向导向宣传作用；因运河文化资源涉及面广，形式丰富，便于打造

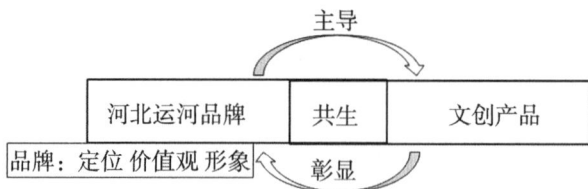

图 4-2　河北运河品牌与文创产品关系图

多样且统一的品牌形象。在河北运河品牌树立的加持下，具有大运河文化精神的文创产品可以形成系统化的开发模式，增加核心竞争力。

2. 河北运河品牌的内涵及树立路径

品牌树立的意义在于加强及沿线城市地域交流，迎接国际交流的机遇与挑战，能够推动产业发展的良性循环互动。河北运河品牌是在运河丰富文化内涵基础上，集合了沿线城市的精神和物质综合后，而形成的一种活性流动文化传承与创新的载体。树立路径建设：第一，政府发挥协调作用，推动品牌 IP 发展战略，致力于打造融媒体环境下的创新性文化业态；第二，由各区域的子品牌串联成省级母品牌体系，共享全品牌效应；第三，基于当下智能传播大环境，借助多样化营销手段，加大网络营销投入，打造权威性口碑效应。

3. 河北省文创产品设计创新方法

挖掘沿线各区地域文化，定位设计内涵和精神。河北段运河在秉承着整体大运河"外柔内刚"和"开放沟通"的精神内核，同时依托运河产生的民间艺术、民俗文化以及燕赵人民包容开放、开拓进取、勤劳智慧的精神特质本身也是地域文化的重要体现。当下文创产品中的核心竞争力品牌符号都无一不展示出独具特色的地域文化。这些文化能够全面为文创产品定位于综合性体现河北地域人本思想，使产品能够体现地域特色和人文关怀，推动河北省大运河文化的活态传承与发展的内涵和精神。

借鉴运河文化优势资源，供给丰富设计题材。河北段运河文化积淀深厚、独具特色，为河北省文创产品设计发展提供了诸多创作源泉。位于河北段大运河畔的邯郸、邢台、衡水、沧州、廊坊及所属县（市、区）涵盖了名人佳作、民俗习惯、武术、杂技等多种非遗文化资源。依据这些特色地域文化内容，基于符号学原理，可以为文创产品设计建立相应的庞大素材库，素材库分土线和文线，并根据造型、色彩、材质、意象表达迅速定位可用资源。素材遵循"传神""达意"的基本思路，经过具象转化和抽象转化两种基本思路，通过重构、嫁接等方法进行文创产品设计。

学习非遗传承精神，创新设计工艺方法。民族非遗文化的传承离不开手工艺人坚韧的工匠精神，但目前更多的是非遗文化的传承面临着传承人生活困境、继承人缺乏的困境，因此品牌的树立和有效的设计机制模式可以改变这一现状，保护精神的传承。设计人员要通过现场观摩、场地实践、集中学习将手工艺人的传统技艺理解透彻，在继承中创新。如互联网时代工艺方法采集进行数字化保护；深入挖掘工艺特色结合当下市场客户需要；色彩、材质、载体的跨界合作，打破常规思路。

打造专业化设计人才，推进校企合作新模式。通过借鉴南方代表性城市高校的经验，在河北运河沿岸城市高校推行相关课程试点化。以视觉传达专业为主要切入点，依据短期目标和长远效益结合的基础，在课程设置、教学内容、实践学习方面融入运河文化资源，逐步打造独具特色的文创产品设计特色课程。进而城市院校之间可以形成长期专业交流、共建的局面。院校与当地相关企业要通过打造运河品牌文创设计特色工作室、邀请非遗传承人和企业研发人员进高校协助开展第二课堂、PBL 理念引导规划学生参与指定项目等方式建立有效人才培养合作模式。

重视市场导向激励，建立检验反馈模式。品牌理念下的文创设计产品最终将要进入市场，市场对产品起着导向、激励、检验、反馈多种作用。消费者是市场发展中的重要因素，一个品牌能否存活，一件好的文创产品能否持续生产，都要以市场中的消费者为中心。潜在消费者要具有稳定性和固定的需求性才能起到导向作用，并决定文创产品能否被开发并迅速打入市场并刺激进一步的开发资本。相关部门企业也要及时建立高效可持续的"投票—定级—筛选—再设计"的市场调研反馈模式，检验大众对产品的接受度和热爱度，以便于全面提升产品品牌效应。

总而言之，文创是展现河北形象、宣传河北文化的重要载体。以本次大赛为起点，着力提升"河北地域特色、燕赵文化内涵、产业融合创新、市场带动明显"的"河北游礼"商品品牌。建立完善文创和旅游商品生产标准和认证体系，加大旅游商品注册商标、专利、地理标志知识产权的保护力度。依托传统媒体与新媒体进行融媒体宣传，积极走出去，依托境内外各类文化和旅游推广活动、各类博览会展会和交易会、各类大赛评选活动，全方位、立体化宣传文创和旅游商品，加快提升品牌美誉度和影响力。

四、深度推动文旅有效融合

在信息化打破时空界限，全球一体化经济、文化交融的大环境下，产业融合已经成为发展的大势所趋。旅游产业深度创新融合，不断展现新特点、迸发新业态、呈现新趋势。伴随国民整体收入水平的提高和学习工作、生活的压力加大，旅游新业态打破传统旅游业产业格局，逐渐表现出消费多元化、多环节科技化、载体内容产生线动态性、文化资源创新性等特点。

第一，消费个性化、品质化、多元化趋势已成为时代要求。旅游资源本身就具有很强的人文气息特色，当下社会信息发展日新月异，大众消费需求多样化、个性化，旅游产业及时更新产业格局，融入新时代发展中，传统旅游业的跟团模式、单纯的旅游观光逐渐发生改变，各地文旅部门积极迎合多样、个性化的旅游需求，着力打造内容丰富的旅游项目，这已是旅游发展的大趋势。

第二，现代科技促使旅游新业态各环节的科技属性越发强烈。一是旅游资源信息化。城市公共资源、个人信息与旅游资源深度融合；旅游资源网络化、可视化，加速了智慧旅游基地、智慧旅游城市以及大型旅游电子商务会展等的智慧旅游的兴起与发展。二是旅游方式科技化。通过在线预订、手机支付等方式实现了旅游方式的便捷化。三是旅游管理科技化。通过固网终端、移动 App 等物联网平台，利用大数据、云计算等方式挖掘、开发旅游数据资源，提高旅游营销管理的效率。

第三，在多方因素驱动下，旅游新业态发展极具动态性。一是新业态载体内容的动态性。旅游新业态的融合内容伴随产业转型升级的层次以及消费诉求而变化，融合资源更多地向文化、地产、健康等与消费相关的跨行业产业融合。二是新业态产生方式的动态性。旅游新业态的融合方式逐步由传统的、单纯的技术融合转向以科技为载体的产业融合、区域融合，并随着时代的发展而进一步推演。

第四，创新性是优质旅游资源创造性融合形成的新业态。历史人文、科学技术、经济条件等多种因素的碰撞，会激发新的融合方式和融合内容，从而构成业态发展的新形式。创新使旅游新业态步入一个良性、正向反馈的发展机制。传统要素的创新化，业态定制化、规模化、生态化与融合化，大大优化和提升了旅游产业综合竞争力。

文化和旅游是双向互动的关系。大力推进文化和旅游产业的深度融合发展，对于促进文化事业和文化产业壮大、旅游业转型升级具有重要意义。只有全面、系统地形成合力，在多举措、多路径的融合推动下，才能真正实现文旅产业的融合发展。

（一）河北省旅游文化发展的现状

河北省是全国唯一一个具有平原、高原、山地、丘陵、海滨、湖泊的省份，历经数千年文化积淀，现拥有燕赵文化、长城文化、大运河文化、皇家文化、红色文化等优势。大运河河北段的文化资源更是门类丰富、内涵深刻，为河北的旅游产业和文化产业的融合提供了得天独厚、丰富多样的旅游资源。河北文化旅游产业现依据省内各地旅游资源特色推出了集休闲、教育、观光、体验为一体的精品旅游板块。例如，承德的皇家园林旅游、秦皇岛的滨海旅游、冀北的草原旅游、滑雪旅游等，大力发展具有燕赵特色旅游产业布局。但是在河北省文旅融合工作成效初见下，还存在文旅融合的协调机制统一、融资渠道单一、融合程度不高、内生动力不足、创新创造不强等系列问题。

1. 管理体制缺乏统筹与协调

文化、旅游两个部门虽然在行政上合二为一，但在管理上沟通和融合仍有不足。文化部门侧重从文化建设的视角考虑文化产业的发展，因对文化市场调研不足，对于市场需求把控不够精准，基于时代发展角度下，文旅融合宏观规划不够全面，更欠缺与旅游业融合发展的实践；旅游部门重点放在旅游服务、市场化运营，对文化资源的内涵理解不够深入，使得旅游发展停留在"游的形式"，而不是"游的内涵"。文化旅游景区分属于旅游、文化、文物、宗教、国土资源、环境等不同部门管理，对于文化旅游资源的开发和保护步调不一、沟通不畅。受传统体制制约，跨界融合往往会受阻，效率低下甚至无效。

2. 发展资金不足，投融资渠道狭窄

目前，河北省文化旅游发展的主要资金来自政府投入，民营资本介入很少，融资渠道比较狭窄。而且，民营文化企业规模较小，市场化运作程度低，在一定程度上制约了精品文旅项目的产出和文化旅游业的规模化、长远化发展。

3. 产业和产品的融合深度不够、融合层次不高

虽然河北省文旅融合的种类较多，但文化创意、高科技元素在融合中的

应用较少，产业链的纵向延伸不充分；旅游产品、展演类艺术作品等转化为文化产品的能力有限，缺乏具有竞争力及市场影响力的文旅融合精品。因此，在融合深度与广度上都略显不足，缺乏创新意识。

4. 内生动力不足，缺少高层次复合型人才和智力支持

河北省人杰地灵，但投入文旅事业的人才数量和人才结构尚不能满足需求，旅游从业人员缺口较大，缺乏高素质、复合型旅游经营和管理型人才，更缺乏对文化资源进行深度挖掘和创造的知识创新型人才。省内高校旅游管理专业学生培养不全面，存在重知识、轻实践的管理操作能力。由于京津的虹吸效应和从业人员收入较低，导致人才外流严重。产业融合的高端复合型人才、市场营销人才、产品流通性及高级管理型人才缺乏，导致河北省文旅产业融合发展的内生力不足，已成为制约河北省文旅融合可持续发展的主要因素。

5. 文旅产业在发展中缺乏主动性与创新性

河北省具有国内外影响力和市场竞争力的文化企业比较少，且缺乏参与市场化运营的主动性。目前，文旅产业拓展的渠道较少，主要以演艺活动、民俗体验活动、观光游览为主等。河北省在全国知名度高、影响力大的文旅项目少且处于弱势地位，文创产品创新度不够，在文化旅游景区售卖率有待提高，旅游集团和文化产业公司在整合文化资源投放市场的能力有欠缺，缺乏国内外知名品牌的构建，难以形成较大影响力。由于以上原因，文化与旅游融合发展的速度、规模和进程在很大程度上受到了限制。

（二）大运河沿线文旅发展的研究与对策

2018 年文化和旅游部组建以来，"文旅融合"成为国家思维，也是时代发展的必然趋势。将地域文化转化为城市魅力，传承文化，贯彻新发展理念，文化旅游是一个有效途径。大运河文化积淀千年，资源丰富，依托大运河文化进行文旅融合发展是时代的新课题、新任务。运河文化是旅游的内涵支撑，旅游是运河文化的重要展示形式。旅游在运河文化的熏陶中得以彰显，运河文化伴随旅游资源开发和群众认知得以传承。新时代文化和旅游融合发展的思路伴随着大运河文化带建设正向纵深推进，文旅融合发展要贯彻落实国家大运河文化带建设战略、中共中央办公厅和国务院办公厅联合印发的《大运

河文化保护传承利用规划纲要》、河北省加快推进大运河文化带建设指导意见。当代大运河功能已悄然转化，除运输功能外，还担负着提升文化软实力、展示和彰显中华文明和地域文化特色的时代使命。把大运河打造成我国又一线性文化旅游精品，使之成为代表中国文化的名片。

国外运河随时代的发展，基本漕运灌溉功能逐渐衰退，但其文化资源不仅没有消失，反而带动了相关产业的发展。国外学者对于运河文化的研究集中体现在运河文化资源功能转化角度，对开发运河文化资源、发展沿岸休闲旅游文创的研究。如英国研究运河的专家韦恩在《英格兰的运河历史》中认为，随着时间的推移和运输方式的变化，英格兰运河原有的功能也在弱化，基本完成了从最初的运输功能到今日的休闲旅游产品的身份转变。[①] 部分学者如霍莉·M. 多诺霍、苏珊·L. 斯洛库姆、詹姆斯·M. 克利夫顿等，从市场营销学、社会学角度对运河文化资源利用的可持续性、生态性、跨区域性进行了系统研究，对开发运河文化资源价值起到了重要作用。[②]

国内对大运河沿线城市乡村文旅融合的研究主要集中在文化与旅游产业发展的关系上。文旅业态发展创新走向过度单一化，创新融合的条件后备力量不足。创新融合要多方挖掘文化内涵，对受众主题要进行身份认同。文旅产业融创发展要形成全面系统的新业态机制模式，打造文旅融合型产品技术融合是关键，基于科技创新角度使两者达到共生协同、聚合扩散协同的效应。

当下河北省文旅融合中大运河生态治理卓有成效，运河修复区和景观带逐步形成；大运河文化遗产的挖掘、整理和保护工程也在稳步推进。但综合看来，文化旅游事业合理、成熟、创新的规划开发体系还未完善。在既有项目开发过程中，可持续性建设欠缺考虑，不能整合资源协调发展。在产品设计中，题材同质化、样式创新度不足等问题较为突出。在管理中，普遍缺乏宏观长远角度规划，管理水平制度创新不足、配套设施相对落后，影响整体规划、大运河文化遗产的文旅项目形象塑造和保护传承。

1. 加强顶层规划和资源整合，协调各方利益

文化资源和旅游开发之间并不单指两者是单纯的合作、协调关系。它涉

---

①彼得·韦恩：《英格兰的运河历史》，《中国名城》2008 年第 12 期。

②Holly M. Donohoe, "Sustainable heritage tourism marketing and Canada's Rideau Canal world heritage site," *Journal Of Urban Design*，no. 1（2012）：121—142.

及经济、社会、生态等方面。两者在文化旅游系统中，居于主导地位，其他处在次要地位，相互融合，体现复合特征。在这种情况下，各方利益主体如何协调共生，必须进行科学研究和规划。政府及相关部门应当对大运河文旅融合发展给予更有力的保护和规划措施，统筹安排，形成一个融产业链条、旅游线路、文化展示、文化传承为一体的新型发展模式。将大运河文化遗产保护和旅游市场供给侧结构性改革联系起来，将文旅融合发展和乡村振兴建设、生态建设联系起来，将绿色发展、共建共享理念深入实施。

2. 非遗文化资源创新转化，带动物质资源"再生"

在保持非遗文化资源原真性、特色性的内核基础上，将新时代发展需求进行分析，进行创意元素设计，使之更"接地气"，同时要在立意上高于生活，让人体验旅游的乐趣。在旅游物质资源的确立上，根据省内各段大运河旅游通航的具体现状，参考历史文献记载，运河两岸可以进行历史场景再现，将现代商业元素适当引入，打造特色旅游城市，彰显地方文化，例如码头、镖局、驿站、客栈等，使得物质文化资源"再生"。在代表性文化内涵表达上，燕赵自古以来形成苍凉、豪迈、侠义、勇武的文化格局，利于将河北打造成"最具浩然之气的北方运河城市群"提升市场的认可度和市场价值。同时，将各地地域文化精髓进行开发，使得城市和百姓生活平添一抹儒雅之气。沿线各地可以借助一些大众熟知的历史名人趣事作为各自旅游线路串联人，设计宣传推广标语，适当打造新场景，渗透非物质文化遗产，将分散的旅游资源有机结合起来。

3. 重视人才管理，打造文旅融合的综合管理体系

在文化旅游发展规划、生态保护、项目创意设计、市场推广、旅游服务等各环节上需要大量高水平、高素质的复合型人才。政府、相关部门和各高校要依据市场调研需求，对产业所需的人才要求做及时调整，保质保量地建设人才队伍，也注重从社会各方专家、科研机构中获取智力支持。文旅产业属于知识、资源双密集型产业，人才因素直接制约着产业发展速度与产业竞争力，即充足优秀的人才储备是推进产业改革、创新的关键。因此，政府方面应立足本省文旅市场需求和各地市、县的文旅产业发展现状，培养符合河北产业特色的专业文旅人才。一是考虑在河北大学、河北师范大学、燕山大学等省级高校，及廊坊师范学院、沧州师范学院等大运河沿线里程、有特色、

资源较丰富城市中的地方高等院校设置相关文化旅游学科，制定合理人才培养方案，为学科建设打下基础。二是适时调整院校内相关专业，鼓励学科联合培养，专门培养文创设计、文化旅游、文化产业专业人才。三是逐步实施文旅行业高端紧缺、实用型人才引进计划，并给予多项优惠政策。四是利用公共财政支出，吸纳并充分利用民间资本，面向社会未就业人员开展文化旅游专业免费或补贴性培训，促进社会就业。五是定期组织文化旅游从业人员的业务培训，提高执业层人员素质和能力，使其从服务型向专业型转型。

4. 推动文旅深度融合

京杭运河沿线有分布众多的园林、古镇、古宅等物质文化遗产。着眼文化旅游大格局，加强运河沿线区域的协调联动，加快运河精品旅游线路建设，以线串点、以点带面，串联运河文化特色村镇，走文旅融合下的非遗文创产品开发与产业创新之路。除了以博物馆、体验馆、画廊等直接形式进行非遗艺术资源的展示、展演之外，还应充分挖掘、利用非遗元素，做好景区及其所辖文化创意产业园区的文创产品设计与推广，借助园区独特文化景观和服务来提升游客的参与性体验，促进非遗艺术的活态传承。

5. 多措并举拓宽融资渠道

要突破资金瓶颈，就要注重开辟内外融资渠道：政府设置专项资金用于文化和旅游融合产业的发展，并制定相关金融措施做持续性保障。抓好招商引资工程，加快构建完备产业生态。文旅融合发展亟须龙头企业的引领和带动，只有在数量庞大的中小企业支撑下，产业构想才能落到实处。招商引资不但能够对文旅产业发展的理念、资金、人才、销售市场、产业技术带来改革，还能有效构建河北文旅产业发展新格局。

着眼文化旅游大格局，加强区域协调联动，以线串点、以点带面，串联大运河河北沿线文化特色村镇，建设精品旅游线路，走文旅融合非遗文创产品开发与产业创新之路。除了以博物馆、体验馆、画廊等直接形式进行非遗艺术资源的展示、展演之外，还应充分挖掘、利用非遗元素，做好景区及其所辖文化创意产业园区的文创产品设计与推广，借助园区独特文化景观和服务来提升游客的参与性体验，促进非遗艺术的活态传承。将大运河文化遗产保护和旅游市场供给侧结构性改革联系起来，将文旅融合发展和乡村振兴建设、生态建设联系起来，将绿色发展、共建共享理念深入实施。

保护好、传承好、利用好大运河，由农业文明的物流功能，到中国重要的南北经济命脉和文化桥梁，随着陆海空运的兴起，未来更须根据大运河的新时代受众，策划可持续的新生命。依托河北段大运河文化资源发展文旅融合，对多业态和谐共生具有巨大辐射效应。产业发展立足科学生态理念，利用多种方法以对资源进行改革创新、有效整合，实现大运河文旅融创发展。同时，燕赵文化的内涵建设会推动文化旅游事业和城市经济社会建设向着高质量、创新型发展，走出一条绿色发展、共建共享的道路；有利于满足人民群众对美好生活的需要和向往：建设体现生态文明价值观的、还运河于人民的"明日大运河之城"，实现水最清、树最茂、鸟最爱、田最美、韵最古、城最雅、民最乐、客最欢的发展愿景。

结　语

关于大运河文化创意产业发展方向的思考

一、从河北特有的地理环境中寻找大运河文化创意产业的发展方向

地理环境是指社会所处的地理位置和各种自然条件与此相联系的总和；文创产业，即具有鲜明文化形象的一系列多功能产业，与文化相关联的产业规模集聚。艺术行业作为一个综合性的学科，它所涉及的东西是非常多的，与地方环境、文化创意工作都有密切关联，地理环境在文创产业发展和艺术专业人才培养工作中的作用也越来越关键。研究地理环境在文创产业化艺术专业教育工作中的作用，有助于推动文创产业和艺术专业教育工作的发展。地理环境在文创产业和艺术专业教育工作中的作用也越来越大，中国文化创意产业崛起，逐步与国际大城市接轨。20 世纪 90 年代以来，上海、北京、广州等城市及其近郊逐渐聚集了一批与视觉艺术、工业设计、建筑设计等相关的创意企业，其他大城市也逐渐兴起了创意产业。正是这些企业的大量集中分布，才形成了创意产业的聚集区。

古冀州地处中原腹地，是中原北部的边塞要地，历代兵家必争之地。现在的河北地区在历史上并不是完全独立的行政单位，它的西部、南部和北部，在不同的历史阶段被划分到不同的地区，各地区都有它与众不同的一面。河

北省和江苏省地理环境大致相似，但是河北民间的创业氛围不够，招商引资力度不强，扶持当地企业发展的政策有待完善，因此河北省的企业竞争相对较弱。

（一）丰富的地理单元和悠久的历史

河北地貌丰富，类型齐全，有平原、山地、丘陵、河流、湖泊、海岸、海洋、森林、草甸等，地势西北高、东南低，最高峰小五台山海拔 2882 米。河北地区实际上也包括了现在的京津地区，在战国时期，本地区属于燕国和赵国，因此被叫作燕赵大地，或者说这两个地区共同构成一个文化单元，具有鲜明的文化特点。据张立柱的《古国寻踪：冀域方国、王国、诸侯国》统计：在这 1800 多年的商代到东汉的历史中，在河北活动的王国、诸侯国多达 110 多个。

（二）邻近省份众多，文化交融渗透

在《左传》《战国策》《吕氏春秋》等古书中都记载了中山国，历史上的中山国在今天为石家庄、保定一带，这一带的历史人文因素对河北整体发展影响很大。中山国作为除了当时除燕赵之外的第三方势力，虽然在综合实力上无法与当时地位显赫的战国七雄匹敌，但对文化的发展起到了重要的推动作用。河北地区文化交融的另外一个关键点在于地缘影响因素，西有山西等邻近省份，作为南北大通道的太行山，两地区的往来机会很多，所以对河北地区文化影响因素比较大；东为齐鲁大地山东省，也就出现了石家庄的方言其实和省会济南的方言一样的局面，两者都属于冀鲁官话一脉，从而相互影响；往北是古代的"塞外之地"，这一带胡人文化和汉族文化交融，必然存在语言交流冲击的现象；东北与关外紧邻，属于山林渔猎文化，丰富了河北地区文化；南面是中原腹地，作为中国古代农耕文明最辉煌的地方对河北地区的农牧文化有影响。相关部门在发展文创产业的过程中，需要善于利用地理环境资源，深入挖掘和开发地理环境资源，从而提升当地文创产业的发展价值；同时，依托当地地理环境资源，合理规划和开发当地文创产业，促进当地经济增效，在文创行业促进市场竞争实力的本地提升。此外，在开发地方环境资源的同时，还要注意合理保护地理环境资源，在确保地方环境资源可持续发展的前提下，对于地方环境资源进行合理开发，在保证地方生态发展

结语

平衡的情况下，促进地方文创产业经济工作质量的发展。

在发展文创产业的过程中，相关部门需要在满足多元利益主体需求的情况下，正确处理产业部门、地方政府、村民三方的利益关系，以建立利益协调的和谐机制，使得文创产业各部门相关工作人员、地方政府以及各村民之间能够各尽其职，确保地方文创产业的顺利发展及地方环境资源的可持续发展。

二、从时代发展和科技创新中寻找大运河文化创意产业的发展方向

文化创意产业的发展要与时俱进，河北省的文创之路需要借鉴相关建设工作较为突出的省份，用来查找自身的不足。

一个不争的事实是，数字经济已经成为新兴产业，并开辟了网络市场的新天地。当前，产生了许多新产品、新行业、新业态的数字媒体、电子商务、电子金融服务，以及正在改变人类生产生活方式的物联网、大数据、互联网、云计算等新技术日益进入社会生产和交换。在文创产业发展中，要借助互联网、数字媒体和传统媒体的宣传，在京津冀协同发展的大环境下，努力走出一条具有独特魅力、不断开创产业化发展新局面的河北大运河文化创意产业之路，实现河北运河文化产业的深度有机融合。

例如，临平大运河科创城因地制宜，又错位发展。因地制宜，做符合塘栖古镇历史文化气质的文化产业，自然是要围绕大运河文化做文章。错位发展，就是要扬长避短，把国家经济技术开发区的产业定位与临平区的临平新城区分开来。基于这一思路，在数字文化等新经济领域，明确了临平大运河科创城的产业定位。平台以打造数字化文化高地、未来工厂实践场所、总部基地为重点，在区域内划分若干区块。其中，以数字化文化与文化数字化"新两化融合"为核心，将数字文化高地建设将与塘栖千年古镇复兴计划相融合，构建涵盖数字文创、数字娱乐、数字影视、数字文旅等在内的数字文化产业体系。该平台计划在千年古镇复兴中融入动漫游戏、网络直播、数字展览、身临其境体验等新的文化业态，运河古镇由此焕发出新的生机与活力。此外，平台还将围绕打造全国运河文化主题小镇、开启文化产业数智创新"云时代"，加快数字文化产业集群建设，探索建立"运河数字文化大脑"项目，引爆大运河超级 IP，积极进行场景再造。智能制造也将积极整合本土产

业优势，打造未来工坊实践场所，成为临平的一张新名片。平台将以打造精准、灵活、高效、节能的制造模式，打造未来智造新空间为目标，在环杭州湾都市圈内率先探索未来工坊实践，尤其是围绕传统产业的智慧转型和新兴产业的智慧创业，积极引进专精特新"小巨人"企业，其迅速注入血液的关键在于招引总部基地和专精特新企业。为此，临平大运河科创城正围绕全面完善多元化配套，吸引行业龙头企业、知名浙商等企业总部、区域总部或功能总部入驻，打造大城北具有高生态价值、高生活品质、高经济活力的总部基地，着力打造一批科技孵化器、众创空间、中小企业总部园区、高端商务楼宇等平台载体。充分运用现代科技手段，如新一代博物馆虚拟现实展示技术、人机互动体验技术等，提升临平大运河文化遗产展示层次。同时，大运河国家文化园（临平段）也将适时开发媒体传播等特色文化产品和服务，以大运河为主题，推动大运河会展产业发展，打响临平大运河文化展示的魅力品牌。

北京在大运河文化带建设、非遗资源保护利用和文化产业和建设中的相关经验值得借鉴。河北省要借助地缘优势，取长补短。例如北京朝阳区注重利用现代科技多维度宣传展示，融入时尚元素，加大对运河文化历史价值和现实价值的挖掘，让运河文化在"火起来"的同时"活起来"，从而更好地传承和弘扬运河文化。不断加大文化内涵挖掘和数字化创新展示力度，在永通桥保护修缮的同时，数字化保护工作同步开展，已完成数字化采集、修缮前模型制作、5次修缮影像记录和4段展示小视频制作完成，趣味修古桥H5页面已设计制作完成，通惠舟壮帝都的场景已数字化呈现。朝阳区大运河文化魅力通过数字手段创新展现。

当前，需要以互联网、大数据、物联网、人工智能、区域块链等为代表，加大文创行业新技术应用，提高文创产品的科技含量和附加值。并注重开展文创赋能乡村振兴工作，以文创提升农产品附加值，让乡村文化商品化、文创化，以文创带动文创与乡村文化、农业传承融合发展，推动休闲农业和乡村旅游转型升级。

三、从河北的文化取向、语言特点中寻找大运河文化创意产业的发展方向

河北由于自古以来的地理条件的特殊性，致使文化取向、语言特点较为

复杂多样。唐代韩愈留下著名的一句话"燕赵古称多感慨悲歌之士",慷慨悲歌,有情有义,是燕赵文化最显著的特点。一代代燕赵人彰显了燕赵慷慨悲歌、艰苦奋斗,同时也传承和发扬着舍生取义、开拓进取的燕赵精神,挖掘和开发燕赵文化,弘扬燕赵精神,对提高河北文化品位,增强河北文化软实力有着重要的现实意义。

河北的语言特色鲜明,属于汉语北方语言体系,在不同地市有独特的方言,甚至同一地市不同县区的方言也有所不同。随着经济全球化,城际交流和城区范围不断拓展,外来人口的大量涌入,河北的家乡话也面临着窘境。作为重要交流工具的普通话,正在不断加强推广,文化取向和语言特点也一并融入了运河沿线的文创产业。探其根源,与大运河河北段的明显特征密切相关。一是河道在漕运时期完整地保持了原生态;二是集中了沿线河段的非物质文化遗产。除了弯道众、减河多,堤防、水闸体现的运河水工智慧,更涵盖了社会民生民俗、价值观念、审美情趣及思维方式及由此衍生的音乐、舞蹈、武术、技艺、诗歌、戏曲、民间文学与名人佳作等;三是具有明显的区位优势和巨大的发展后劲。京杭大运河河北段是京杭大运河的重要节点,向北经北京连接东北亚丝绸之路,向东经天津、沧州黄骅连接海上丝绸之路,向西与雄安新区连接,是河北省对接"一带一路"的重要端口,是连接京津冀协同发展的重要纽带,是建设雄安新区的重要支点,是京津冀协同发展的重要纽带。

地域文化在文创产业中处于产业发展的关键点,要继续挖掘代表各地语言的地域文化。地域文化不是以某一区域的环境特点为标准,也不是以地理位置为标准来界定的,一般情况下地域文化是一种文化现象,是由于当地多年的发展历史而产生的。地域文化实际上包含着两个层面,一个是指人的精神层面,一个是指物质层面和文化层面。多是以独特、广泛性、差异性、渗透性、继承性等突出特点,在本地区多年发展中汇聚而生的文化内容。这一文化形态既可指该地区形成已久的文化特色,如历史遗迹,也可指建筑奇迹、自然风貌、风土人情等。要想全面了解区域文化,首先要看其历史背景,其次要看其区域文化。地域文化一般具有广泛性、差异性、多样性、唯一性、渗透性、影响性、继承性等特点。其中,广泛性是指通过地域文化的属性,在同类事物之间可以表现出某种共同的属性;差异性是指不同地域的文化和事物的差异；多样性是指地域文化千差万别，种类丰富多样；唯一性是指地域文化，风格独特，各具特色；渗透性是指各地区文化互相渗透，彼此影响，相互影响的文化；影响性是指地域间的风俗民情会对周围的事物产生影响，影响的方式可能是无形的，也可能是间接的。继承性可以理解为传统文化具备相对稳定性和鲜明的民族特色，遵循"取其精华、去其糟粕"的思想，以多种形式使文化延续。通过深度挖掘各具特色、各有千秋的区域传统文化，充分利用区域内涵所开发出来的文创产品，才能为广大消费者所接受。此次以区域文化元素为主题设计的文创产品，将区域内的文化元素加以分析、归纳、凝练，并通过产品的设计方式转化为可设计的元素，赋予产品新的文化生命力。

参考文献

学术著作

[1] 荀德麟，刘志平，李想，等京杭大运河非物质文化遗产［M］. 北京：电子工业出版社，2014.

[2] 吴欣，吴金甲，郑民德，裴一璞. 中国大运河蓝皮书：中国大运河发展报告（2022）［M］. 北京：社会科学文献出版社，2022：1—20.

[3] 顾希佳，杭州运河非物质文化遗产［M］. 杭州：杭州出版社，2013.

[4] 方力，伊彤，刘兵，等. 文化科技蓝皮书：北京文化科技融合发展报告（2020～2021）M. 北京：社会科学文献出版社，2021：180—223.

[5] 宋瑞，金准，李为人，等. 旅游绿皮书：2019～2020 年中国旅游发展分析与预测［M］. 北京：社会科学文献出版社，2020：123—135.

[6] 范周. 中国文化出产业重大问题新思考［M］. 北京：商务印书馆，2019.

[7] 王佳宁. 中国大运河智库报告（第二卷）［M］. 北京：经济管理出版，2021.

[8] 王佳宁. 中国大运河智库报告（第一卷）［M］. 北京：红旗出版社，2019.

[9] 佟东，周佳艳，潘赛. 京杭大运河上的非物质文化遗产［M］. 北京：研究出版社，2022.

[10] 杜浩，王保超. 河北大运河文化带发展策略研究［M］. 武汉：武汉大学出版社，2022.

[11] 康振海. 河北文化产业发展报告（2022）［M］. 武汉：社会科学文献出版社，2022.

［12］康振海. 河北文化产业发展报告（2021）［M］. 武汉：社会科学文献出版社，2021.

［13］康振海. 河北文化产业发展报告（2020）［M］. 武汉：社会科学文献出版社，2020.

［14］柏定国. 文化品牌学［M］. 湖南：湖南师范大学出版，2014.

［15］徐恒醇. 设计美学概论［M］. 北京：北京大学出版社，2016.

［16］萧放，朱霞. 传统文化的当代实践［M］. 北京：中国社会科学出版社，2021.

［17］刘蕊. 燕赵文化［M］. 长春：吉林文史出版社，2010.

［18］丁昊欣，吴金甲，郑民德，等. 中国大运河蓝皮书：中国大运河发展报告（2022）［M］. 北京：社会科学文献出版社，2022：1—20.

［19］菲利普·科特勒. 市场营销导论［M］. 俞利军，译. 北京：华夏出版社，2001.

［20］李云燕. 循环经济运行机制——市场机制与政府行为［M］. 北京：科学出版社. 2008.

［21］天津市地方志编纂委员会. 天津市志·自然地理志［M］. 天津：天津社会科学院出版社，2016.

［22］祁述裕. 文化建设九讲［M］. 北京：国家行政学院出版社，2014：29.

期刊论文

［1］杨家毅. 京杭大运河与陆海丝绸之路关联的历史考察［J］. 江南大学学报（人文社会科学版），2020（3）.

［2］丁煦诗. 大运河"世遗"框架与《纲要》框架涉及城市比较研究［J］. 江南大学（人文社会科学版）2020，19（1）：46—52.

［3］巴莫曲布嫫. 何谓非物质文化遗产？［J］. 民间文化论坛，2020（1）：114—119.

［4］言唱. 大运河非物质文化遗产的活态保护与活化利用［J］. 海南师范大学学报：社会科学版，2020，33（3）：136—140.

［5］路璐，王思明. 大运河文化遗产研究：现状、不足与展望［J］. 中国

农史，2019，38（4）：137—144F0003.

[6] 白硕. 大运河沿岸非物质文化遗产现状、问题与对策 [J]. 人口与社会，2018，34（6）：33—43.

[7] 肖潇，窦兴斌，孙洪杰，等. 河北运河文化带非遗传承利用的现状和问题研究 [J]. 沧州师范学院学报，2021，37（3）：22—26，84.

[8] 陈琳. 国外文化创意产业发展策略分析及启示 [J]. 广西社会科学，2018（6）：195—198.

[9] 王国颖. 国外文化创意产业发展的启示 [J]. 沈阳大学学报（社会科学版），2013，15（1）：37—40.

[10] 赵冬菊. 国内外文化创意产业发展现状及趋向 [J]. 企业文明，2011（11）：10—13.

[11] 李红强，李元海，李秋君. 基于产业链的京津冀文化创意产业协同发展研究 [J]. 商业经济研究，2017（2）：189—190.

[12] 傅琳雅. 文化创意产业链的构建及发展战略 [J]. 沈阳工业大学学报（社会科学版），2014，7（2）：108—111.

[13] 张明磊，王丽丽. 依托高校构建河北省特色地域文化创意产业链 [J]. 大舞台，2012（9）：295—296.

[14] 王国洪，姚倩倩. 河北省文化创意产业发展现状及对策研究 [J]. 文化学刊，2022，（4）：128—131.

[15] 张利敏. 河北省文化创意产业发展研究 [J]. 汉字文化，2020（4）：154—15.

[16] 马凤娟. 河北文化创意产业发展模式探析 [J]. 河北大学学报：哲学社会科学版，2015 年（3）：154—156.

[17] 张琳琳，王小国，宁雨霏. 河北文化创意产业发展现状和趋势研究 [J]. 今日财富，2020（3）：193—194.

[18] 岳志新. 河北省文化创意产业融资困境及突破口分析 [J]. 2015（11）：77.

[19] 范浩阳，王立勇，李欣. 科技创新驱动河北文化产业发展策略研究 [J]. 现代营销：学苑版，2021（1）：98—99.

[20] 王操. 文化创意产业比较研究：内涵、范围界定、发展现状和趋势

[J]. 国外社会科学前沿, 2019 (10): 47-55, 84.

[21] 乔莉, 魏仁科. 政府支持文化创意产业发展的必要性和支持政策分析 [J]. 商, 2013 (31): 324-324.

[22] 方静. 论大运河特色文化遗产活态传承利用——以常州段运河为例 [J]. 中国名城, 2018 (12): 92-96.

[23] 窦兴斌、何边. 新媒体语境下大运河（河北段）非物质文化遗产数字化保护与传承策略研究. [J]. 大舞台, 2018 (5): 99-104.

[24] 陈旺. 非物质文化遗产的 IP 形象设计与传播策略探析 [J]. 新闻传播, 2020 (21): 35-36.

[25] 张祺. 浅谈乡村文创 IP 中的卡通形象设计思路 [J]. 大众文艺, 2020 (1): 86-87.

[26] 谢珈, 马晋文, 朱莉. 乡村振兴背景下我国乡村文化旅游高质量发展的思考 [J]. 企业经济, 2019 (11): 88-92.

[27] 王韬钦. 文化振兴视阈下乡村文化旅游融合发展的内生逻辑及路径选择 [J]. 科技促进发展, 2018 (12): 1186-1192.

[28] 宋春花. 试谈美丽乡村建设中运河文化元素的应用「J]. 新农业, 2021 (10): 27-28.

[29] 钱振华. 大运河文化带建设与乡村振兴融合发展探路 [J]. 江苏农村经济, 2020 (5): 62-63.

[30] 秦宗财, 冯锐. "千年运河" 文化品牌的生成、塑造、传播与业态创新——首届中国大运河文化品牌传播国际论坛综述 [J]. 经济与社会发展, 2019 (03): 61-68.

[31] 彼得·韦恩. 英格兰的运河历史 [J]. 中国名城, 2008 (12): 28.

[32] 郑亚鹏, 唐金玲. 山东运河文化遗产品牌开发探究: 基于 "互联网＋" 思维 [J]. 美术大观, 2018 (9): 86-87.

[33] 陈菲, 韩雪. 扬州运河文化旅游品牌传播策略 [J]. 湖北文理学院学报, 2014, 35 (8): 64-68.

[34] 王仲, 高悦. 非遗视野下的扬州文化创意产业发展模式探析 [J]. 设计, 2016 (5): 45-47.

[35] 厉春雷. 民族文化资源非物质文化遗产与创意产业发展 [J]. 理论

参考文献

界，2012（4）：149—150.

[36] 何佳，王朝阳，周丽敏. 南京剪纸非物质文化遗产文创品牌的构建 [J]. 包装工程，2018，39（6）：46—51.

[37] 邱松，覃千航. 探究品牌主导的文创产品设计方法论 [J]. 包装工程，2018，40（24）：11—17.

[38] 王智梅. 浅析地域性文创产品品牌符号设计 [J]. 艺术科技，2017（10）：253.

[39] 刘思萌. 品牌创建之文创产品设计符号学研究 [J]. 品牌研究，2019（8）：46—47.

[40] 杨家毅. 浅析大运河（北京段）文化带的内涵 [J]. 北京联合大学学报（人文社会科学版），2017（4）：28—34.

[41] 陈桥驿. 南北大运河——兼论运河文化的研究和保护 [J]. 杭州师范学院学报（社会科学版），2005（3）：1—5.

[42] 贺云翱，干有成. 江苏大运河文化带建设中非遗保护利用问题与对策 [C]. 中国扬州 2019. 09. 28：1—5.

[43] 冯健. "文旅融合"该从何处着手 [J]. 人民论坛，2018（11）：86—87.

[44] 张朝枝. 文化与旅游何以融合：基于身份认同的角度 [J]. 南京社会科学，2018（12）：162—166.

[45] 李露. 科技创新视角下文化产业与金融供给侧协同发展机制研究 [J]. 科学管理研究，2018，36（6）：70—73.

[46] 葛剑雄. 大运河历史与大运河文化带建设刍议 [J]. 江苏社会科学，2018（2）：126—129.

[47] 齐桂华. 弘扬燕赵文化与提升河北文化软实力策略研究 [J]. 魅力中国，2020（12）：267.

[48] 赵静. 产业融合视角下我国乡村旅游业的发展研究 [J]. 农业经济，2018（12）：55—56.

[49] 关旭，陶婷芳，陈丽英. 我国大型城市旅游业与演艺业融合路径及选择机制——企业层面的扎根研究 [J]. 经济管理，2018（1）：22—37.

[50] 吴海燕. 以智慧旅游视野发展全域旅游的理论和实践 [J]. 经济问

题探索. 2018（8）：60—66.

［51］丁煦诗. 大运河"世遗"框架与《纲要》框架涉及城市比较研究. ［J］. 江南大学学报（人文社会科学版）2020（1）：46—52.

［52］樊盛春，王伟年. 文化产业园区理论问题探讨［J］. 企业经济，2008（10）：9.

［53］程金亮. 湖北文化产业集群发展路径分析［J］. 开发研究，2014（2）：127.

［54］白蓉. 集群式发展：文化产业竞争力提升路径的现实选择［J］. 消费导刊，2011（6）：14.

［55］袁园. 文化创意产业园的公共文化服务［J］. 开放导报，2017（2）：59

［56］李小平，赵梅赏. 京杭大运河对河北沿河方言的影响［J］. 河北师范大学学报（哲学社会科学版）2018（7）：107.

［57］杨晓新. 大运河的语言"印记"——运河方言特征带初论［J］. 濮阳职业技术学院学报 2015（10）：93—94.

［58］郝小梅，王琦，张震. 沧州段大运河非遗艺术资源与乡村旅游振兴的融合路径研究［J］. 西部旅游，2021（11）：79—81，84.

［59］郝小梅，王琦，张震. 河北段大运河非遗文创产业助力乡村振兴策略研究［J］. 农村经济与科学，2023（3）：86—88.

报刊

［1］解丽达，周禹. 巧夺天工，小核雕"雕"出大产业——永清打造核雕文化产业集群见闻［N］. 河北日报，2022—03—08（12）.

［2］张旺芝. 多路径推进实现文旅产业融合发展［N］. 河北经济日报，2018—06—06（008）.

［3］吴欣，大运河文化的内涵与价值［N］. 光明日报，2018—02—05（14）.

标准

［1］联合国教科文组织. 保护非物质文化遗产公约 MISC/2003/CLT/

CH/14REV. 1 ［S］. 巴黎：联合国教育、科学及文化组织大会，2003－10.

外文文献

［1］ Holly M. Donohoe. Sustainable heritage tourism marketing and Canada's Rideau Canal world heritage site ［J］. Journal Of Urban Design，2012，20 (01)：121－142.

［2］ Susan L. Slocum，James M. Clifton. Understanding community capacity through canal heritage development：sink or swim ［J］. International Journal of Tourisms Policy，2012，04 (04)：356－374.

后 记

　　随着我国的社会主义发展进入新时代，文化创意产业已经成为近年来国民经济新的增长点，在经济发展中占据着举足轻重的地位，是经济转型升级的重要动力和国家软实力竞争的重要手段。但当下文化创意产业市场还存在一定问题，产业链的发展还不够完整和高效，对于核心部分的内容原创性和创新性仍然不足。

　　大运河沿线非遗文化资源已经成为当下文化创意产业不可或缺的重要组成部分，这些资源的背后凝结的是古代劳动人民传承千年的智慧。对于它的"活态"传承一直是近年来热议的话题，大量专家学者从自身研究领域出发，为非遗的当代发展贡献了多项对策。

　　大运河非遗文化资源传承和文化创意产业发展本来就属于双向互动关系，非遗文化资源借助其自身优势为文创产业提供经典素材来源和多样形式，而文创产业又为非遗资源提供了发展途径与生存平台。两者的有效结合对中华传统文化的继承、对部分地域经济的发展具有重要作用，助推物质文明和精神文明的建设发展。对于如何持续性重视并传承非遗艺术资源，将其更好地与文化创意产业进行融合，并推动其优化路径、创新发展，成为当下相关产业需要继续思考的问题。

　　面对河北段大运河非遗文创产业的发展形势，为了对促进区域经济高质量发展及当地社会和谐繁荣，需要利用沿岸的非遗艺术资源，如戏剧、杂技、曲艺、工艺美术、音乐与舞蹈等多种传统艺术形态发展文化创意产业。

　　关于大运河非遗资源与河北文创产业融合发展的研究具有重要的价值，首先，在理论价值方面：有助于深入挖掘大运河文化的内涵和价值，从多元主体协同合作视角完善大运河文化带相关理论研究，明确河北运河品牌与文创产品之间的各种关系理论，定位文创设计内涵和精神；借鉴运河文化优势资源，供给丰富设计题材；学习运河非遗传承精神，创新设计工艺方法；打造专业化设计人才，推进校企合作新模式；重视市场导向激励，形成发掘运河文化内涵、聚焦运河文创教育、开发运河旅游资源、推动运河文化产业、传承运河文化精髓、宣扬运河文化特色的完整闭环，弥补大运河文化带文化创意产业研究的不足，推动构建多元主体合作共建的运河文化创意产业开发模式。其次，在应用价值方面：习近平新时代中国特色社会主义思想指引下，深入挖掘运河文化资源是党中央、国务院作出的一项重大决策部署。第一，落实《大运河文化保护传承利用规划纲要》，树立运河文创产品设计品牌意识，提升民众文化自信和自觉；第二，为沿线地方大运河文化带发展文化创意产业，从政府、企业、高校、等不同主体提供建议，促进规划科学化；第三，为建设京杭运河沿线文化带和旅游带提供建议，借助文旅融合促进沿线地区经济转型。第四，服务于非遗艺术资源传承和相关产业发展的人才需求，易于形成地域文化资源与高校教学实践、课程设计、文旅融创等良性互动的产学研可持续发展模式，促进运河文脉的发展性传承。

最终的研究去向涉及以下三个方面：一是通过大运河河北沿岸非遗艺术资源与民生研究，帮助国内外人士深入了解运河文化带丰富内涵，增强河北民众文化自信，提高各界大运河文旅产业融合发展的认知。二是通过大运河河北段文化带文旅融创发展的对策研究，为文化带建设相关政府部门提供政策建议，拓宽大运河文化带的优质旅游资源，吸引更多中外游客，领略运河迷人风采。三是通过由点到面的综合整理，将地区旅游、文化产业深度融合，以国家政策为机遇，促进大运河河北段沿岸城市经济转型与绿色崛起。

河北省的文创产业创新发展一直在路上，经多方努力，持续打造优势运河文化，传承运河文化精神，实现运河文创体系的系统化开发与推进，实现大运河河北段非遗文化资源的全面保护、创新传承和高效利用的目标，促进了本省经济多维度发展。

课题组成员来自不同学科，有艺术学、管理学、旅游学等多学科专业背景，具有主持或参与国家、省部级科研项目的能力和经验。本书所研究的内容是课题组成员多年来在大运河文化带建设上的研究集合，借助此次的课题对其进行整体梳理，这些研究成果多来自各类科研成果，涉及河北省三三三人才资助项目《大运河河北段文化带文旅融创产业发展路径研究》、河北省社会科学发展研究课题《河北渤海渔村文化产业发展趋势研究》、河北省文化艺术科学规划和旅游研究项《河北段大运河非遗文创产业助力乡村振兴策略研究》、沧州市社会科学发展研究重点课题《沧州段大运河旅游文创产品的分析与设计研究》等项目课题。同时《京津冀大运河文化带文化创意产业发展路径研究》一文被第六届京津冀协同发展研讨会和《百家论坛》社科期刊收录，以及出版著作《渤海渔村剪纸艺术研究》（获河北省社科优秀成果三等奖）等。本书从选题到最终完结经历了两年半的时间，根据课题研究安排，克服疫情影响的因素，借用学术交流、课程考察等方式对部分实地进行了走访调研，收集到了珍贵的第一手资料。并多次召开线上线下的研讨会，及时商定、调整书稿的框架写作思路，对于相关的数据来源、案例论证也进行了反复推敲，并及时向相关专家和部门请教，以保证书稿的质量。

感谢为本书的文献梳理、数据查找、问卷调研做出指导和实地调研分享的沧州大运河文化研究会；感谢协助书稿出版的相关工作人员，正是有了你们的帮助，此项工作才能够顺利完成。

本书研究的问题尚属新的领域，目前学术界和相关部门还没有形成一个理论体系和统一意见，所以较难从整体上准确把握研究内容，从而认清当前实际与书面研究的整体局面。由于现实诸多因素，在实践中开展文化资源与旅游产业融合发展的项目和如何提出针对性强、可操作性强的方案仍然是继续需要突破的难关。媒体发展日新月异，对于融媒体视角宣传河北大运河文化带，需要与时俱进、紧跟时代脉搏。

书稿虽然出版，但是课题组还要继续在这方面做出更多的工作，以不断完善此次成果。我们会继续秉持着组委研究人员的初心，建立长效追踪机制，加强与大运河沿线各区域的交流与学习，促进运河沿线非遗资源的文化保护和传承工作，对河北省的经济发展提供智力支持，对国家文化创意产业的发展尽自己一份绵薄之力。

此书不周之处，恳请各位批评指正。

作　者
2023 年 8 月

后
记